Mit dei

Ute Wendler

Mit dem ersten Kind wird alles anders

Mein Tagebuch
zwischen Idylle und Chaos

benno
VERLAG

Die Deutsche Bibliothek – CIP-Einheitsaufnahme

Ein Titeldatensatz für diese Publikation ist bei der Deutschen Bibliothek erhältlich.

Dieses Buch ist nach den neuen amtlichen Rechtschreibregeln gesetzt.

ISBN 3-7462-1445-9

Umschlaggestaltung: Ulrike Vetter, Leipzig
Herstellung und Satz: Kontext – Verlagsherstellung, Lemsel
Printed in the Czech Republic

Vorwort

Ein weises indisches Sprichwort drückt die wichtigsten Voraussetzungen für die optimale Persönlichkeitsentwicklung aus:

»Solange die Kinder klein sind,
gib ihnen Wurzeln,
sind sie älter geworden,
gib ihnen Flügel.«

Ohne Zweifel müssen die Wurzeln ganz fest mit der Erde verbunden sein, damit sie die hier getankte Lebensenergie an den Stamm für sein freies Auswachsen in Äste, Blätter, Knospen und Früchte weitergeben können. So muss auch das Grundbedürfnis des Kindes nach *Bindung* voll gesättigt werden, damit es später sein darauf aufbauendes Grundbedürfnis nach *Loslösung* voll ausleben kann. In diesem Zusammenhang werden die beiden entscheidenden Bedürfnisse auf den Zeitraum während der ersten 3 Lebensjahre angelegt. Das Streben nach Loslösung bricht bekanntlicherweise mit der Trotzphase aus, wo sich das ICH dem DU stellt, um den beginnenden eigenen Willen durchzusetzen. Davor jedoch braucht das Kind das stete Gefühl, sich mit den Eltern sicher gebunden fühlen zu können. Hierbei wirkt die gleiche Logik des Lebens, nach der die Wurzeln für das Gedeihen des Baumes unabdingbar sind. Die gelungene Bindung in aller Geborgenheit des Nestes ist entscheidend dafür, mit welchem Vertrauen und Selbstvertrauen sich das Kind in seinem Leben verwirklichen kann. Die Zeit für das Wachsen der Bindung ist die Symbiose des Kindes mit der Mutter in ihrem Bauch und »an ihrem Bauch« während des 1. Lebensjahres. Dies ist der sichere Hafen, in dem die Seele landen und sich einverleiben möchte.

In der Praxis bedeutet das, dass sich das Baby auf das Gleichbleibende verlassen können muss. Sein Urvertrauen auf die Zuverlässigkeit der Bindung gelingt ihm nur dann, wenn es sich auf die Erfüllung seiner Erwartungen verlassen kann. Es möchte die gleiche Mama erleben mitsamt ihrem regelmäßigen Herzschlag, ihrem Geruch, ihren liebevollen Augen, ihren Berührungen und Bewegungen, mit ihrer Stimme, die ihm das feinfühlige Echo seiner Lautäußerungen und somit auch das Gefühl des Verstanden-Werdens vermittelt. Mit Leib und Seele ist das Kind auf die totale Annahme und die bedingungslose Liebe seiner voraussagbaren, gleichbleibenden, selbstsicheren, in sich ruhenden Mutter orientiert. Das Baby kann ohne Störungen seine Mutter ertragen, wenn sie aus äußeren Gründen (Geldmangel, Krieg u.ä.) im Stress ist. Gerät aber die Mutter in Unsicherheit und Ängste, die sich auf das Kind beziehen, wird seine Seele verletzt. Unter der symbiotischen Verkabelung überträgt sich die Unruhe der Mutter auf das Kind.

Dem Verlangen nach einer sicheren Bindung werden die primitiven Kulturkreise bestens gerecht. Die junge Mutter braucht keine Zweifel über die Richtigkeit ihres Handelns zu haben. Sie verlässt sich auf die uralten Traditionen der Geburtshilfe und der Kleinkindbetreuung, sie ist eingebunden in ihre Großfamilie, und unter Begleitung von erfahrenen Frauen kann sie mit ihrem Baby wochenlang eine Nische genießen. Danach verbringt es die ersten 2-3 Jahre im Tragtuch. Unter dem Schutz dieses getragenen Nestes sättigt es sein Bedürfnis nach Geborgenheit und bekommt schrittweise auch den Freibrief zur Loslösung.

Im Unterschied dazu haben die jungen Mütter in der technokratischen Wohlstandsgesellschaft eine viel schlechtere Position. Unter dem Deckmantel der Wissenschaftlichkeit wird ihnen vorgegaukelt, dass alles störungsfrei verlaufen kann. Es kann alles »toll« und »super« sein, sofern du dich in der Szene auskennst, wenn du die richtigen Bücher liest und den richtigen Geburtshelfer ausgesucht hast. Du kannst eine sanfte Geburt erwarten und ein süßes Kind. Doch wird die Realität oftmals völlig anders. Welche Geburt ist schon sanft, welches Kind ist nur süß, welche Geburtshelfer sind nicht mal auch nervös? Wie ein Kartenhäuschen brechen die Illusionen zusammen. Um einen sicheren Ausgang aus der Not zu finden, sucht man nach Empfehlungen in Büchern. Aber die Bücher bekämpfen sich gegenseitig. Es fällt schwer, bei den eigenen Müttern und Schwiegermüttern die Ratschläge zu suchen. Vielmehr stellt sich doch die neue Generation gegen die konservativen Ansichten der Alten und möchte ihnen beweisen, dass sie es besser, mindestens nicht schlechter, jedenfalls anders kann. Von wegen eine Sicherheit in Tradition! Gefangen in ihrer Kleinfamilie bleibt die Mutter, die ihr Kind nicht zu trösten vermag, mit ihrer Verzweiflung, mit ihrem Gefühl der Hilflosigkeit und mit ihren Ängsten alleine. Der Selbstzweifel, ob sie überhaupt eine gute Mutter ist und ob sie von ihrem Kind eigentlich nicht abgelehnt wird, schürt bei ihr einen steigenden emotionalen Zwiespalt. Fachleute sprechen hierbei von einer *affektiven Ambivalenz* und halten sie für die mächtigste Ursache der kindlichen Unruhe. Denn das Baby kann sich auf die unsichere Mutter nicht verlassen. Es ist für die Wahrnehmung ihrer Unruhe umso empfänglicher, als dass es selber aufgrund der Zwänge der vertechnisierten Geburtshilfe eine Bindungsstörung erlitten hat. Falls ein sensibles, demzufolge verwundbares Kind nur tagsüber bei der Mama bleiben kann, für die Nacht aber ins Säuglingszimmer verfrachtet wird, erleidet es jedesmals einen Riss in der Hinbewegung zur Mutter. Und wenn die Mama auf ihre Weise durch Außeneinflüsse verängstigt wird und das Kind mit der Wärme ihrer inneren Sicherheit nicht bestrahlen kann, lässt sich das Kind von ihr nicht einmal trösten.

Hier hat eine feinfühlige Mutter verschiedene Erfahrungen mit ihrem ersten Baby beschrieben. Ohne sich selbst zu schonen, steht sie dazu, wie ihre Liebe zu ihrem tiefst ersehnten Kind sich mit dem massiven Schmerz des Selbstzweifels und des Grolls mischte, wenn es ihr nicht gelang, sein Dauergeschrei wegzutrösten. Sie berichtet aber auch, dass sie nicht aufgab, sondern die Wege zu ihrer Sicherheit suchte, sie erkannte und das wahre Mutterglück fand. So begrüße ich dieses Buch aus ganzem Herzen als Warnung, und vor allem als Wegweiser, der den jungen Müttern gute Hoffnung spendet.

Dr. Jirina Prekop

Das Abenteuer beginnt

Dieses Kribbeln im Bauch, plötzlich leuchtet die Welt in ganz anderen, neuen, herrlich bunten Farben! Von einer Minute zur anderen hat alles einen neuen Sinn. Ich tanze wie auf Wolken, halb träumend, halb wach. Ich verliere den Boden unter den Füßen, lache, weine, staune, singe ... alles zur selben Zeit. Endlich ist er da, der Moment, auf den wir schon so lange gewartet haben: Der Anfang eines neuen Lebens ist erkennbar. Ein Kind ist unsichtbar da, es hat sich auf den Weg zu uns gemacht, es existiert, ist nicht mehr nur Wunsch und Traum! Wir erwarten ein Baby!

Als sich endlich unsere ersehnte Schwangerschaft eingestellt hatte, begann ich mir natürlich auch auszumalen, wie die Zeit nach der Geburt aussehen würde. Da alle Babys aus meinem Bekannten- und Verwandtenkreis regelrechte Bilderbuchbabys waren, hatte ich dieses Bild vom friedlich schlafenden, ab und zu trinkenden und wieder schlafenden Baby fest in mir. Weder durch Literatur noch durch eigene Erlebnisse bin ich je auf den Gedanken gebracht worden, dass ein Baby seine Mutter dank eines konsequent schreienden Tagesablaufes an den Rand der Verzweiflung bringen kann. Im Nachhinein meine ich, dass die beste Hilfe für jede werdende Mutter die innere Vorbereitung auf ein eher anstrengendes Baby ist. Wenn das Kleine dann doch viel pflegeleichter wird als erwartet, ist es ja gut. Im umgekehrten Fall aber kann eine Mutter dermaßen enttäuscht, entmutigt und entkräftet werden, dass ihr all das Schöne an der unwiederbringlichen Anfangszeit getrübt wird. Ich möchte meine Erfahrungen deshalb gern weitergeben und hoffe, dass unsere

Geschichte nicht abschreckt (nicht alle Neugeborenen sind so extrem schreibedürftig!), sondern die Augen zur Realität hin öffnet, statt sie in einer verträumten Idylle zu schließen.

Meine Aufzeichnungen geben Einblick in den Alltag während der Schwangerschaft und Stillzeit und nehmen die Leser mit hinein in eine Phase der totalen Veränderung. Wenn ich besonders die Mütter anspreche, dann einfach deshalb, weil ich natürlich aus meiner Sicht berichte. Mein Wunsch ist, dass auch die Väter und alle anderen Personen im Einflussbereich eines Neugeborenen offene Augen für die Realität rund um ein Baby und die Anforderungen an die Mutter im Babyalltag, mit allen gefühlsmäßigen Höhen und Tiefen und der Hauptlast der Kinderbetreuung, bekommen mögen!

Die recht spannende Vorgeschichte bis zur Geburt unseres Kindes hat ihre eigene Faszination. Schließlich ist die Zeit zwischen dem bewussten Kinderwunsch und der Schwangerschaft ein sehr intensiv erlebter Abschnitt, in dem jede Mutter ganz neu fühlen lernt und Alltagsbegegnungen oft auf die Goldwaage legt. In diesem sensiblen Abschnitt hört und liest sie besonders gern Geschichten von anderen Babys, weil sie sie mitnehmen in die noch fremde, geheimnisvolle Welt mit eigenen Kindern. In diesem Sinne wünsche ich eine fröhliche Bekanntschaft mit unserem Amos!

Zeit des Wartens

Die letzten Monate waren für mich sehr frustrierend. Unser Wunsch nach einem Baby will noch nicht in Erfüllung gehen. Nachdem wir uns so sehr auf Nachwuchs konzentriert und große Vorfreude entwickelt hatten, war für uns klar: Bald werden wir Eltern. Logisch, es ist doch alles planbar! Schließlich hatte ich mich mit einer Menge Literatur zum Thema Familienplanung beschäftigt, wusste Monat für Monat, wann die Entstehung eines Kindes möglich ist (seit zwei Monaten messe ich täglich die morgendliche Aufwachtemperatur, damit ich über die Temperaturkurve den Beginn der Schwangerschaft planen kann). Außerdem kennen wir die Geschichte meiner Schwägerin, die die Geburt ihrer Kinder während des Studiums genau auf die Monate der Semesterferien geplant hat. Toll, wie das funktioniert hat. So wird es auch bei uns sein!

Ein befreundetes Ehepaar hat uns heute gesagt, dass sie ein Baby erwarten, und wir haben uns natürlich riesig mit ihnen gefreut. Ich glaube, wir waren sogar die ersten, denen das große Geheimnis anvertraut wurde. Wir fühlen uns geehrt. Im Juli sind sie zu dritt. Muss das ein schönes Gefühl sein! Ob wir auch bald eine ähnliche Nachricht verkünden können? Vielleicht bin ich ja auch schon schwanger, weiß es nur nicht? Es wäre doch zu schön gewesen, wenn wir uns hätten heute gegenseitig sagen können, dass wir Nachwuchs erwarten. Naja, ist nicht so tragisch, schließlich sind die beiden auch länger verheiratet, wir gönnen ihnen diesen Vorsprung.

Eine Bekannte fragte mich, ob ich eigentlich gar keine eigenen Kinder haben wolle. Diese Frage war wohl nur so dahingesagt, aber sie erzeugte eine eigenartige Stimmung in mir. Was denken die Leute eigentlich? Natürlich will ich Kinder!!

Mai 1

Ich arbeite als Lehrerin in einer freien christlichen Schule. In Deutschland gibt es etwa 50 solcher »Schulen auf biblischer Basis«, deren Hauptanliegen es ist, die frohe Botschaft von Jesus Christus zu verkündigen und auf diesem Hintergrund Werte und Wissen zu vermitteln.

Heute gab's ein nettes Erlebnis. Nach dem Unterricht kam die Mutter einer Schülerin auf mich zu, schenkte mir Blumen und sagte: »Tatjana wollte unbedingt, dass ich Ihnen einen Blumenstrauß mitbringe, weil doch am Sonntag Muttertag ist und sie keine eigenen Kinder haben, die ihnen Blumen schenken.« Schluck! Also, ich finde es ja sehr rührend von der kleinen Maus! Diese so liebe Idee kam für mich völlig überraschend. Aber es ist halt wieder eine der unbewussten Anspielungen aus der Umwelt, die mich daran erinnern, wie schön es sein muss, Blumen von den eigenen Kindern zu bekommen …

Muttertag. Meine Schwiegereltern sind mit allen Kindern und Enkelkindern Mittagessen gegangen. Als eine Kellnerin an unseren Tisch kam, um den Müttern eine Rose zu schenken, hatte ich gerade meinen Neffen auf dem Schoß. So wurde ich auch für eine Mutter gehalten und bekam eine Muttertagsblume. Sollte das ein Zeichen sein?

Unsere Freunde aus Nürnberg riefen an und haben uns von ihrem Baby erzählt, das im nächsten Jahr geboren werden soll. Die haben es gut! Wie kommt das eigentlich, dass ich mich so tief traurig fühle, wenn andere vom Familienzuwachs berichten? Habe ich Angst, dass wir kinderlos bleiben? Daran darf ich gar nicht denken. Kinder gehören doch dazu! Oder soll ich mir einfach einreden, welche Vorteile es hat, kinderlos zu bleiben? Es gibt doch Leute, die auf keinen Fall eine Familie wollen. Ist das nicht auch okay? Und wie wird das sein, wenn man alt ist, alle haben Kinder und Enkel und selbst steht man allein da? Fehlt da nicht auch eine Erfahrung? Doch, Kinder gehören dazu! Ich will mich nicht ein Leben lang um mich selbst drehen, das wird doch langweilig! Außerdem ist das doch eigenartig, dass ich mich als Lehrerin um so viele fremde Kinder kümmern kann, selbst aber nie eigene Kinder großziehen kann. Meine Gedanken kreisen …

Juli 1

Ich habe mir ein Buch über kinderlose Ehen gekauft. Es gibt so viele Gründe, warum kein Baby kommt. Hoffentlich sind wir nicht betroffen! Aber es gibt auch viele Möglichkeiten, medizinische Probleme zu klären und mit ärztlicher Hilfe doch schwanger zu werden. Ich weiß nicht, was ich machen soll. Zum Arzt gehen? Auf jeden Fall wird der Gedanke immer unerträglicher, ohne Nachwuchs zu bleiben. Sollen wir immer nur das liebe Onkel-Tanten-Ehepaar bleiben, das anderen zur Geburt gratuliert, die Kinder mit Geschenken erfreut, mit ihnen singt und herumtollt, aber in Wirklichkeit stets den Hintergedanken hat: »Ach, hätten wir doch auch welche …«? Vielleicht mache ich mir auch viel zu viele Gedanken? In einer Zeitschrift las ich neulich, dass es normal ist, wenn man bis zu zwei Jahren vergeblich wartet. Da muss ich also noch keine Panik machen.

Mir geht so oft der Bibelvers »Bittet, so wird euch gegeben!« (Mt 7,7) durch den Kopf. Wenn das mal so einfach wäre! Ich weiß, Gott lässt sich nicht drängen. Geduld haben ist schwer. Was könnte er für Gründe haben, uns kinderlos zu lassen? Würden wir keine guten Eltern sein?

Auf der Hochzeit eines Cousins sind wir heute gefragt worden, wann wir denn endlich Nachwuchs bekämen. Schließlich seien wir längst an der Reihe. – Immer diese wohl eher so dahergesagten Fragen, die uns tiefer treffen, als sie wahrscheinlich gemeint sind! Und überhaupt: Wer bestimmt eigentlich, wer wann an der Reihe ist, ein Kind zu bekommen? Die Leute? Die Familie? Gott als Schöpfer aller Dinge ?!

Ich war heute zur Krebsvorsorge. Diese Gelegenheit wollte ich nutzen, um meine Fragen bezüglich unseres Kinderwunsches loszuwerden. Der Doktor war zum Glück sehr nett und meinte, dass ich mal keine Panik machen soll. Die prozentuale Möglichkeit einer Schwangerschaft sei so niedrig, dass ich schon noch einige Monate Geduld haben soll. Aha. Wenigstens bin ich beruhigt, dass organisch alles okay ist.

Endlich Urlaub! Unsere diesjährige Radtour geht nach Frankreich, Burgund. Heute habe ich beschlossen, mit der morgendlichen Fiebermesserei aufzuhören. Wir werden wohl jeden Tag zu einer anderen Zeit aufstehen und losfahren, da ist die Temperaturgenauigkeit so unwahrscheinlich, dass die Babyplanung sicher nicht klappt. Und überhaupt habe ich den Eindruck, dass sich ein Kind nicht so technisch voraussagen lässt. Ich habe beschlossen, mich nicht mehr selbst unter Druck zu setzen und gelassener zu werden. Je mehr Stress man sich macht und Erfolgsdruck erzeugt, umso geringer ist die Wahrscheinlichkeit, schwanger zu werden. Unser Urlaub ist die beste Gelegenheit, um Ruhe in diese mich fesselnde Thematik zu bringen.

Ich glaube an Jesus Christus, und ich weiß, dass Gebete erhört werden. Ich wollte von jetzt an nur noch ihm die Planung überlassen, in die wir letztlich sowieso nicht eingreifen können. Mir wurde klar, dass Gott allein das Ob und Wann eines Kindes bestimmen kann. Und ich spürte, dass ich mich voll und ganz in seine Arme fallen lassen und ihm vertrauen kann. Solange ich krampfhaft versuche, selbst zu planen und meine Ziele zu erreichen, nehme ich doch Gott die Chance, mich zu führen. – Von nun an sollte Jesus allein über unser Kind bestimmen!

Der Urlaub war super! Die Landschaft hat uns sehr beeindruckt. Oft sind wir in aller Frühe durch die riesigen Weinanbaugebiete gefahren, haben Sonnenauf- und Sonnenuntergänge bestaunt und abends im Zelt Brot und Wein aus der Gegend genossen, die wir tagsüber durchradelt haben. Wir sind bestens erholt! Ich freue mich schon wieder riesig auf meine Schule. In wenigen Tagen kann ich fröhliche Schulanfänger begrüßen. Ich bin neugierig, wie das alles wird.

Zwischen Enttäuschung und Hoffnung

September 3

Eigentlich hatte ich ja die leise Hoffnung, dass sich im Urlaub ein kleines Baby zu uns gesellt haben könnte. Wie jeden Monat hatte ich versucht, in meinen Körper hineinzulauschen. Gab es ein Ziehen in der Brust? Blieb die Regel aus? Nun ist der Traum wieder zerplatzt. Nichts! Ich bin so unendlich traurig, nicht mehr ansprechbar.

Warum? Andere Frauen wollen gar kein Kind, werden aber schwanger und töten dann das kleine Wesen im Bauch. Einfach so. Ohne Liebe, ohne Wissen! Sie glauben den Blödsinn vom leblosen Zellklumpen und bringen ein winzig kleines Kind um. Ihr Eigenes! Das ist doch ungerecht! Ich möchte so gern einem Kind das Leben schenken, es ganz sehr liebhaben und knuddeln. Plötzlich fühle ich mich benachteiligt, ungerecht behandelt, von Gott versetzt. Mir kommt alles sinnlos vor. Ohne Kind wird mir immer etwas fehlen. Wie wird das sein, wenn ich am Ende meines Lebens Rückschau halte und nach den Lebensinhalten frage? Ist ein Leben ohne Nachkommen überhaupt sinnvoll? Mündet nicht aller Sinn im Kind? Alles, was ich kann und weiß und glaube, alles, was ich für richtig und nachahmenswert halte, möchte ich doch weitergeben, damit es erhalten bleibt, wächst und Früchte trägt.

Kind, Kind, Kind. Es gibt nur noch einen Gedanken, einen Wunsch.

Ich merke, wie ich mich immer fester in diesen einen Gedanken vergrabe, eigentlich gar keine anderen Freuden mehr zulasse. Wenn ich mich doch lösen könnte, einfach anderen Dingen nachgehen und mich dann eines Tages von einer Schwangerschaft überraschen lassen könnte. Ich will versuchen, gelassener zu werden!

September 4

Montag. Eine neue Woche hat begonnen. Die erste Woche mit meinen kleinen Erstklässlern. Sie sind total lieb, freuen sich über alles, was wir während der Unterrichtsstunden tun.

Im Inneren aber bin ich gar nicht wie sonst so ausschließlich auf meinen Beruf eingestellt. Viel mehr bewegt mich dieses Kribbeln im Bauch und die dazugehörige Frage: Wieso ist meine Regel nicht so heftig wie sonst? Ich fühle mich ungewöhnlich fit. Ob ich vielleicht doch schwanger …?

September 8

Ob ich schwanger bin? So allmählich schöpfe ich Hoffnung und werde ungeduldig. Ich habe den Eindruck, dass mein Körper anders ist als sonst. Ja, eigentlich bin ich mir sicher, dass das nur mit einem Baby zusammenhängen kann. Bestimmt ist so ein winzig kleiner Mensch in mir. Bestimmt, ich weiß es! Um meiner Neugier und Vorfreude ein Stück entgegenzukommen, bin ich in die Apotheke gegangen und habe mir einen Schwangerschaftstest gekauft. Ich kam mir vielleicht komisch vor, bin bestimmt ganz rot geworden und habe ganz leise, schüchtern gefragt, ob ich einen Schwangerschaftstest haben kann. Ganz schön teuer – 29,95 DM, aber schließlich habe ich ihn mir verdient nach so langem Wartenmüssen, und außerdem wird man nur einmal zum ersten Mal schwanger! Nachdem ich die Testpackung in den Händen hielt, habe ich mir versprochen, noch zwei Tage zu warten. Dann aber, am Sonntag, dann muss ich es genau wissen!

Als ich meinem Mann Ekkehard erzählte, dass ich mir gestern einen Schwangerschaftstest gekauft habe, murmelte er etwas von »Geldverschwendung« und »erstmal abwarten«. Ob ihn die Frage wirklich so kalt lässt oder tut er nur so? Noch ein Tag, dann ...

Mein Baby wächst im Bauch

Obwohl heute Sonntag ist, bin ich schon um 7.00 Uhr aufgewacht. Mein erster Gedanke war der Schwangerschaftstest. Ich bin ziemlich schnell aus den Federn gekommen und ins Bad geschlichen. Ich war so aufgeregt und habe erstmal die Gebrauchsanweisung gelesen. Dann gings los. Zeile für Zeile habe ich alles »abgearbeitet«.

»Sie werden nach einigen Sekunden beobachten, dass sich die beiden Fenster der Ergebnisklappe verfärben. Das ist der Beweis, dass der Test funktioniert.« Stimmt, klappt alles.

»Bleibt nach 4 Minuten in beiden Fenstern ein Punkt sichtbar, sind Sie schwanger.« Das klang wie ein fertiges Urteil. Oh, wenn es doch so wäre, dachte ich! Wie lang doch 4 Minuten sein können! Ich erwartete das Testergebnis mit der Uhr in der Hand, beobachtete den Sekundenzeiger. Dann endlich, 4 Minuten waren vorbei, beide Fenster waren rot und – ich war schwanger! Ein unbeschreibliches Gefühl durchzog meinen Körper. Ich spürte, wie ganz viele heiße Wellen in mir aufstiegen. Ich werde dieses Erlebnis bestimmt nie vergessen. Ich erwarte ein Baby! Ich! Hurra!

Für Ekkehard ließ ich den Test einfach im Badezimmer liegen. Ich war gespannt auf seine Reaktion. Als er dann kam, tat ich so, als würde ich in die Küche gehen. In Wirklichkeit blieb ich im Flur und habe ihn durch das Glasfenster in der Tür beobachtet. Von da aus konnte ich sehen, wie er sich über den Test beugte, die Gebrauchsanweisung las … und nichts sagte. Weil ich vor Spannung bald zu platzen drohte, ging ich zu ihm und fragte: »Na?« Und was antwortete er? »Na, erst mal abwarten.« Wie kann er da so aalglatt bleiben? Er wird Vater! Und ich Mutter!

Nach der Berechnungstabelle, die ich mir schon vorsorglich beschafft habe, wäre der Geburtstermin der 15. Mai. Ein Sommerkind! Ich freue mich ja so!

Wir wollen unser Geheimnis noch bis Dezember wahren – dann wird auch das Warten bis Mai nicht so lange. Zu Weihnachten haben wir dann gleich ein schönes Überraschungsgeschenk für unsere Eltern.

September 11

So ein Pech aber auch, ausgerechnet jetzt ist mein Gynäkologe im Urlaub. Naja, so dringend ist es auch wieder nicht. Das Kind reißt nicht aus, im Gegenteil, es wird bis nächste Woche noch größer und besser erkennbar sein. Mein Kind! Ob es ihm gut geht?

September 12

Da ich seit einigen Tagen Fußschmerzen habe, bin ich heute zum Orthopäden gegangen. Der wollte mich röntgen, aber ich habe gleich abgewehrt und gesagt, dass mir das nicht recht ist, weil ich wahrscheinlich schwanger bin. Da war es 'raus! Zum ersten Mal habe ich in der Öffentlichkeit etwas von meinem Baby erzählt. Wie das klang! Ein irres Gefühl! Der Fuß wurde also nur eingebunden, das tat sehr gut.

Noch 8 Monate!

September 18

Heute war ich nun beim Arzt. Als er mich sah, musste er lachen, denn ich war ja erst Ende Juli da und wollte damals wissen, ob ich überhaupt Kinder haben kann. Im Ultraschall habe ich dann mein Kind gesehen. Es war so winzig klein, nur ein schwarzer Strich in einem grauen Raum. Das Foto werde ich von nun an bei mir tragen. Jetzt wird alles be-greiflicher. Ein kleiner Beweis, dass das Kind da ist, kann das Foto sein. Über eine Bemerkung des Arztes bin ich gestolpert. Er sagte, ich hätte eine Anlage zur Schwangerschaft in mir, man könne aber noch nicht mit Gewissheit von einem entstandenen Leben sprechen. So ein Quatsch! Ich weiß, er wollte damit nur andeuten, dass in den ersten drei Monaten die Möglichkeit einer Fehlgeburt besteht, und vor übereilter Sicherheit warnen. Für mich ist jedenfalls mein Baby schon da (richtig, nicht nur als Anlage), und zwar ganz nahe bei mir! Zu Hause habe ich stundenlang im Buch »Ein Kind entsteht« von Lennart Nilsson geblättert und mir die phantastischen Fotos angesehen, die im Mutterleib gemacht wurden und dokumentieren, wie aus einer Ei- und Samenzelle ein richtig fertiger Mensch wird. Da kann ich nun in den nächsten Monaten immer nachsehen, wie weit mein Kind entwickelt ist.

Unsere Freunde Liz und Clay haben heute bekannt gegeben, dass sie nicht mehr zu zweit, sondern zu dritt sind! Ich musste mir ganz schön auf die Lippen beißen – keiner hat's gemerkt. Unsere Kinder werden so etwa gleich alt sein (zur Zeit einen Monat). Ich habe mir überlegt, ob wir nicht unser Geheimnis auch gleich verraten sollten, aber wir werden die Spannung noch ein bisschen halten, obwohl es schade ist, dass die anderen Freunde sich noch nicht mit uns freuen können.

Heute war ich wieder beim Frauenarzt. Ich bekam meinen Mutterpass überreicht. Das war so etwas wie eine Auszeichnung. Darin steht z.B. der voraussichtliche Geburtstermin: 15. Mai, genau, wie ich es mir auch ausgerechnet habe. Auf dem Ultraschallbild war das Kind schon doppelt so groß. Wie schön, es wächst und fühlt sich bestimmt wohl. Vom Arzt bekam ich noch eine ganze Menge Literatur zum Thema »Schwangerschaft und Baby«, die ich am Abend gierig in mich einsog. Außerdem habe ich in meinem Kalender schon mal für die nächsten Monate gekennzeichnet, wie lange es noch bis zur Geburt dauert und wann der Mutterschutz beginnt. Es ist alles so spannend!

Oktober 1

Mir ist heute etwas Eigenartiges passiert. Ich hatte das Baby von Freunden auf dem Arm und bin so durch die Gegend gelaufen. Da kam eine ältere Frau, die ich nicht kannte, auf mich zu und fragte mich: »Ist das das Eigene?« »Nein«, sagte ich, und wollte noch hinzufügen, dass ich aber bald ein eigenes Baby haben werde. Da sagte diese Frau: »Na, das hätte ich Ihnen aber auch nicht zugetraut!« Ich war so verwundert, dass ich gar nicht wusste, was ich sagen sollte. Zum Glück wusste ich ja mehr als sie. Wenn ich noch nicht schwanger gewesen wäre, hätte ihre seltsame Rede wohl vieles in mir zerstört. Schlimm, dass die Leute oft so gedankenloses Zeug reden und sich nicht überlegen, was Worte bewirken können.

Oktober 2

Am Wochenende sind wir bei unseren Eltern gewesen. Wir konnten unser Geheimnis ganz gut verbergen, mussten aber ab und zu einen kleinen Trick anwenden. Abends gab es Wein. Den wollte ich auf keinen Fall trinken, damit das Baby keinen Tropfen Alkohol abbekommt. Mein Mann musste also ganz unauffällig zwei Gläser Wein trinken. Wir haben uns deshalb immer ganz dicht zueinander gesetzt und die Gläser direkt nebeneinander gestellt, so dass es keinem auffiel, dass ich nichts und Ekkehard das Doppelte trank.

Noch 7 Monate!

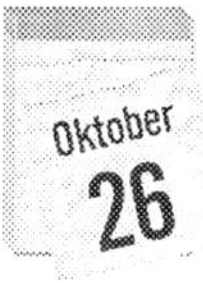

Wieder einmal Arzttermin. Dem Kind geht es gut, es ist alles okay. Dass meine Schwangerschaft bisher völlig ohne unangenehme Übelkeit verläuft, ist echt gut. Ich hatte ja schon etwas Bammel, wie ich das schaffen würde, wenn mir morgens immer übel ist und ich dann lächelnd vor meiner Klasse stehen will. Der Arzt meinte, dass nun auch nichts mehr in der Richtung zu erwarten ist. Darüber bin ich sehr froh. Nur müde bin ich sehr. Ich könnte in jeder Lebenslage einschlafen.

Noch 6 Monate!

Ekkehards Geburtstag. Als meine Schwiegermutter gratulierte, wünschte sie sich von ihrem Sohn ein Enkel. In dem Moment sah mich mein Schwager Klaus sehr vielsagend an, machte so eine typische Handbewegung wie für einen dicken Bauch und sagte so ein fragendes »Hmmm?« Schnell schüttelte ich den Kopf und sagte: »Quatsch!« Oh, das war zwar eine Notlüge, aber die musste einfach sein! Woher hatte er diese Ahnung? Das ist ja richtig gefährlich! Wenn er schon so etwas denkt, kann ich mir ja sicher sein, dass meine Mutti auch schon eine Ahnung hat …

Hinterher stellte sich tatsächlich heraus, dass meine Mutti schon ziemlich sicher wusste, dass ein Baby unterwegs sein wird. Meine Blässe und Müdigkeit hatten mich verraten. Naja, immerhin hat sie mir das Gefühl gegeben, dass sie zu dem Zeitpunkt noch nichts wusste.

November 20

Auf diesen Tag habe ich mich ja schon lange gefreut! Heute habe ich in der Schule von meinem Kind erzählt. Ich hab's spannend gemacht. Am Nachmittag in der Lehrerkonferenz habe ich gesagt, dass ich noch einen dringenden Punkt in die Tagesordnung einfügen muss. Als ich dann endlich dran war, sagte ich: »Ich wollte euch noch darüber informieren, dass sich meine pädagogische Arbeit in Zukunft nur noch auf ein Kind konzentrieren wird.« Erstmal war Schweigen, denn meine Kollegen mussten wohl den Sinn meiner Rede erst noch überdenken. Dann wurde ich plötzlich von allen nacheinander umarmt und beglückwünscht. Die restlichen Tagesordnungspunkte konnten wir uns sparen, denn ich musste ausführlich Rede und Antwort stehen: warum ich nicht eher erzählt habe, wann das Kind kommt, seit wann ich es weiß, ob es ein Junge oder ein Mädchen wird, ob ich mich freue, wie lange ich mit Arbeiten aufhören will und, und, und. Über vieles hatte ich mir noch keine Gedanken gemacht. Ich genoss es, endlich über mein Kind erzählen zu können. Damit wurde mir meine Situation auch selbst erstmal so richtig bewusst. Solange ich das Baby geheim gehalten hatte, war mir seine Anwesenheit nicht so klar wie jetzt.

Der kleine Tobias, das Kind von unseren Freunden, wird sich über einen 9 Monate jüngeren Spielgefährten freuen. Er ist ganz lieb schläft immer, manchmal wacht er auf, sagt kurz »piep« und wird gestillt. Er lässt sich überall mit hinnehmen. Ich freue mich ja schon so sehr auf die Zeit, wenn unser Baby in der Wiege liegt oder mit uns unterwegs sein wird.

Da Tobias das erste und einzige Baby war, das ich so relativ nah erlebte, stand für mich fest, dass Kinder in dem Alter eben so sind: Schlafen, essen, schlafen … Leider habe ich mich so sehr in dieses idyllische Bild eines pflegeleichten Kindes hineingesteigert, dass ich überhaupt nicht auf die Idee gekommen bin, dass Babys auch wesentlich aufgeweckter und lauter sein können. Eigentlich war es die Vorstellung von Tobias, die es mir später so schwer gemacht hat, ein sofortiges, vollständiges »Ja« zu meinem sehr anstrengenden Kind zu finden.

November 22

Heute war ein wunderschöner Tag. Ekkehard ist erstmals mit mir zum Gynäkologen gekommen. Über Ultraschall konnten wir unser Baby richtig deutlich sehen. Das war ergreifend. So klein und niedlich, eigentlich noch ganz ver-borgen ge-borgen. Nur durch die moderne Technik lässt es sich in seinem sicheren Versteck beobachten. Eigentlich ist das doch unvorstellbar, so ein entstehendes Menschlein in der Tiefe seines Ursprungsortes sehen zu können, da, wo kein Mensch mit bloßem Auge hinsehen kann, künstlich Einblick zu gewinnen. Bei dem Gedanken daran, dass da in meinem Bauch der allererste Ort ist, an dem dieser Mensch lebt, dass es kein anderes Vorher gibt, überkommt mich ein geheimnisvoller Schauer. Da schwimmt er nun, dieser kleine Schatz, und lässt sich von unseren neugierigen Blicken nicht stören. Wir sahen ganz deutlich den Kopf, die Füße und das pulsierende Herz. Das Baby schlief gerade. Am liebsten hätte ich es mal kurz herausgeholt und an mich gedrückt, aber auf diesen Moment muss ich noch einige Zeit warten. 3 Monate ist es schon alt, oder besser gesagt »minus 6 Monate«.

Wenn ich mir überlege, dass manche Mütter noch zu diesem Zeitpunkt ihr Baby töten lassen dürfen, wird mir der ganze Wahnsinn unserer Zeit bewusst. Da ist doch nun wirklich deutlich zu sehen, wie ein miniklei-ner Mensch im Bauch seiner Mami lebt. Das ist doch kein unförmiger Zellenhaufen! Sind denn die Gelehr-ten wirklich so blind, dass sie das nicht sehen wollen? Alle spielen dieses Spiel mit. Alle: Die Mütter, die, aus welchen Gründen auch immer, ihr Kind töten lassen. Die Väter, die die Mütter mit ihrer Entscheidung allein lassen oder zum Töten zwingen. Die sogenannten Be-rater, die oft selbst nicht anerkennen, dass ein Kind von Anfang an ein Kind ist und nicht ein mysteriöser, unde-finierbarer Zustand. Die Politiker, die per Gesetz das Töten legitimieren und damit ihre Macht gegen das Wehr-lose, Wertvolle ausnutzen. Die Gesellschaft, die sich ge-dankenlos den Dingen beugt. Die Krankenkassen, die diesen Mord finanzieren, die Arbeitgeber, die manche Frauen vor die Wahl zwischen Arbeitsplatz und Mord stellen. Arme Babys, so viele sind schon gegen euch, bevor ihr überhaupt nur einen Fuß auf diese Welt setzt!

Alles, was wir heute über Ultraschall sehen konnten, wurde auf einer Videokassette mitgeschnitten. Davon hatte ich noch nie etwas gehört, von anderen kannte ich nur die Ultraschallfotos auf Papier. Wir haben uns überlegt, dass wir diesen Film zu Weihnachten verwen-den werden, wenn wir die werdenden Großeltern in-formieren. Das wird witzig!

Dezember 8

Ich habe lange nichts in mein Tagebuch geschrie-ben. Hinter mir liegen sehr unschöne Stunden, voller Angst, Hilflosigkeit und Bangen. Unserem Gott sei Dank, dass alles nur ein großer Schre-cken um Nichts war. Dennoch waren es drei die Schwangerschaft belastende Tage, die nicht hätten sein müssen. Am Dienstag bekam ich einen Anruf aus der Frauenarztpraxis. Weil die Werte nicht in Ordnung wären, sollte ich noch mal zum Blutabnehmen kommen. Ich fragte dann die Schwester, was eigentlich mit dem Blut überprüft werden sollte. Sie erklärte mir, dass es ja in dieser Praxis noch nie vorgekommen sei, aber es müsste halt getestet werden, ob das Kind keinen offenen Rücken oder sonstige Behinderungen habe. Naja, dann sagte sie, meine Blutwerte würden ein gewisses Risiko andeuten. In diesem Falle müsse ein erneuter Test gemacht werden, der in einem anderen Labor ausgewertet wird. Mir ist richtig schlecht geworden. Auf dem ganzen Heimweg ist mir nur durch den Kopf gegangen, dass mein Kind behindert sein könnte. Warum? Wie kann Gott das zulassen? Das ist doch ungerecht! Erst warte ich so lange auf ein Baby, freue mich riesig über die Entstehung des Kindes und dann so etwas … Ich begann, mit meinem Kind Zwiegespräch zu halten, den Bauch zu streicheln und dem Kind zuzureden, dass es doch bitte gesund sein soll. Es war in der Straßenbahn, als ich erstmals so richtig innige Gefühle zu meinem Kind hatte. Mein Kind! Zu Hause dann habe ich im Bett geschluchzt und versucht, meine Gedanken zu ordnen. Natürlich hatte ich die feste Hoffnung, dass alles gut ausgehen würde. Aber was, wenn nicht?

Ich las in einem Buch, dass ein sogenannter »Tripeltest« gemacht wird, bei dem über das Blut festgestellt werden kann, ob das Kind Mongolismus, offenen Rücken oder Wasserkopf hat. Ich wusste nicht, dass diesmal dieser Test durchgeführt wurde (Blutabnehmen gehört sonst zur Routineuntersuchung während der Schwangerschaft, wie sollte ich da wissen, dass es diesmal ein anderen Hintergrund hat?). Die Frage ist ja, mit welcher Konsequenz dieser Test stattfindet. Was ist, wenn der

Test positiv ist? Abtreibung? Dieser Test ist freiwillig – ich hätte ihn nicht machen lassen, aber ich wurde überrumpelt. Das nehme ich meiner sonst so sehr guten Arztpraxis schwer übel! Und selbst wenn dieser Test gewissermaßer hinter meinem Rücken gemacht wird, müssen sie doch nicht gleich beim ersten Ergebnis mir gegenüber Panik machen! Hätten sie gesagt, ich solle zum Blutabnehmen kommen – einfach so, ohne weitere Begründung –, dann wäre ich gegangen und hätte mich nicht unnötig verrückt gemacht und geängstigt.

Die nächsten Tage wurden mir zur Qual. Bis Freitag hatte ich diese Ungewissheit zu ertragen. Dies war die schlimmste Zeit meiner Schwangerschaft! Meine Gedanken kreisten nur immer um dieses Thema. Ich lag Gott in den Ohren und bangte um das Leben in mir.

Endlich war Freitag. Zur abgemachten Zeit rief ich von der Schule aus in der Praxis an. Am anderen Ende der Leitung tönte schon ganz fröhlich die Stimme der Arzthelferin: »Ach, Frau Wendler, gerade habe ich ihr Testergebnis gelesen und freue mich. Es ist alles okay, ihr Blut ist in Ordnung! Ja, wissen Sie: Es kann schon mal sein, dass ernährungs- oder stressbedingt die Blutwerte beeinflusst werden und der erste Test fälschlicherweise positiv (also für den Patienten negativ) ist. Deshalb schicken wir die zweite Blutprobe dann noch in ein unabhängiges, anderes Labor, um ein sicheres Ergebnis zu bekommen.« Ich war ja so überglücklich! Endlich konnte ich mich wieder freuen und meine Schwangerschaft genießen! Ich streichelte meinen Bauch, eigentlich hätte ich mein Baby lieber »persönlich« streicheln wollen. Wir mussten uns doch zusammen freuen! Meinen Mann rief ich natürlich auch an. Ich hörte, wie ihm ein Stein vom Herzen fiel.

Das Geheimnis wird gelüftet

Ich bin völlig baff, dass mein Geheimnis in der Schule gar nicht mehr geheim ist. Mein Chef hat wohl zu Hause über mich und mein Baby gesprochen. Das kann er ja gern, Problem ist nur, dass seine Kids dabei waren und riesig große Ohren bekamen und nun die Neuigkeit stolz in der ganzen Schule herumerzählen, getreu dem Motto: »Ätsch. Ich weiß etwas, was ihr nicht wisst.«

Ich hab' mich schon gewundert, dass heute so auffällig viele Kinder um mich herumschleichen und so tun, als müssten sie mich irgendetwas fragen. Sara, ein Mädchen aus der 3. Klasse, stand dann als erste ganz »naseweisig« vor mir und sagte: »Stimmt das, Frau Wendler, dass du ein Kind kriegst?« Aha, das hätte ich mir doch denken können, dass sich an einer Privatschule kein privates Geheimnis hält! In typischer Lehrermanier machte ich ein fragliches Gesicht und antwortete: »So? Wer sagt das denn?« Antwort: »Na, die Ruth!« Um noch ein bisschen Spannung zu erzeugen und dem Schulklatsch freien Lauf zu lassen, meinte ich dann nur noch: »Aha!«, machte ein vielsagendes Gesicht und ging.

Innerhalb der nächsten 3 Minuten liefen knapp 100 Grundschüler, von ein und derselben Frage gequält, durchs Schulhaus, schwänzelten um mich herum und schickten immer mal ein paar mutige Kinder vor, um mich zu fragen … Ich gab natürlich nach und genoss die Freude über so viel Mitfreude seitens der Kinder. Die malten sich gleich in ihrer blühenden Phantasie aus, wie das dann sein wird, wenn ich mit dem Baby Unterricht halten würde. Vielleicht dachten sie auch eher daran, wie ich allein zwischen Pult und Wandtafel hantiere, während sie mit dem Kinderwagen über den Schulhof spazierten … Jedenfalls schien keiner auf die Idee kommen zu wollen, dass ich dann für einige Zeit nicht mehr in die Schule komme. Die restlichen Unterrichtsstunden an diesem Tag konnte man getrost vergessen, zumindest den geplanten Stoff. Sattdessen wetteiferten meine Erstklässler, ob ES ein Junge oder ein Mädchen wird, und suchten schon mal ein paar geeignete Namen zusammen. Es ist einfach herrlich, mit diesen Mäusen die Vorfreude auf das Baby zu teilen! Wie sehr mir dann aber meine Schüler fehlen werden, möchte ich jetzt noch nicht bedenken …

Allmählich müssen wir uns überlegen, wo wir unser Kind zur Welt bringen wollen. Zum Glück kann ich »wir« sagen, mein Mann wird auf alle Fälle dabei sein. Als wir uns früher mehr oder weniger grundlos über dieses Thema unterhalten haben, meinte Ekkehard immer, dass das nichts für ihn sei, und auch ich war mir unsicher, ob es richtig sein wird, mich so im Geburtsstress vor ihm zu »offenbaren«. Schließlich kann es da auch peinliche Situationen geben, wer weiß, ob und wie ich mit den Schmerzen umgehen kann. – Naja, und dann hatte ich mir vorzustellen versucht, wie ich das Kind allein bekomme, der werdende Papa wartet schweißgebadet vor der Tür, und wenn alles vorbei ist, wird er das Kind auf den Arm nehmen … Aber wie gesagt, inzwischen sind diese Gedanken überholt. Jetzt, wo das Baby echt existiert, wird die Frage der Geburt aus einem ganz anderen Blickwinkel betrachtet: Ich werde froh sein, mich auf Ekkehard stützen zu können und nicht allein kämpfen zu müssen. Unsere Freunde, die bereits Eltern geworden sind, haben so von der gemeinsamen Geburt geschwärmt und Ekkehard dringend empfohlen, sich dieses Erlebnis nicht entgehen zu lassen. Ich kann mir auch wirklich gut vorstellen, dass sich eine Vater-Kind-Beziehung wesentlich schöner gestaltet, wenn sie von Anfang an möglich ist. Dieser erste Augenblick ist doch unwiederbringlich! Bestimmt spürt das Baby, dass die beiden Eltern da sind, dass es genau die vertrauten Stimmen sind, die es immer im Bauch gehört hat. Es wird von Anfang an erkennen, dass sich Mami und Papi kümmern. Wer weiß auch, in welchem Zustand ich nach der Geburt sein werde. Vielleicht bin ich so k.o., dass sich das Kleine schon mal in Papis Arme kuscheln muss.

Inzwischen hat mein Mann also zugestimmt, und wir sind auf der Suche nach einem geeigneten Krankenhaus. Da gilt es so vieles zu bedenken. Mir ist eine Klinik mit Kinderstation wichtig, damit im Notfall nicht erst ein Kinderarzt von sonstwoher kommen muss. Dann möchte ich unbedingt »rooming in« haben, das ist bestimmt fast überall möglich. Früher, also zu der Zeit, als ich geboren wurde, muss das ja für Mutter und Kind schrecklich gewesen sein, so mit vorgeschriebener Trennung und Fütterung. Ich bin überzeugt davon, dass die ständige Nähe eine große Bedeutung für das Urvertrauen des Kindes hat. Es wäre doch auch gemein, so einen kleinen Wurm, der sich in der riesigen Welt so ganz allein ängstigt, einfach wegzusperren.

Was ist noch wichtig? Ja, dass von der Klinik Hilfe zum Stillen gegeben wird und nicht etwa heimlich zugefüttert wird. Man hört das so oft, dass sich die Mütter abmühen, ihr Kind zum Trinken zu bewegen, und dann scheitert alles an der Ungeduld der Schwestern, die routinemäßig ein Fläschchen verabreichen. Ich lese zur Zeit ein tolles Buch zur Problematik des Stillens.

Heute haben wir jedenfalls einen Anfang gemacht. Wir sind zum Informationsabend einer Klinik gefahren, um uns über die Gepflogenheiten der Entbindung zu informieren. Leider wussten wir aber nicht genau, wo diese Veranstaltung sein wird, und sind ewig in der Dunkelheit im Klinikgelände umhergeirrt. Das Klinikgelände war menschenleer, und ich empfand das alles richtig gruselig. Ich hatte nicht das Gefühl, hier unbedingt mein Kind auf die Welt bringen zu wollen. Die Anfangszeit war längst überschritten, als wir dann doch irgendwann in einen total überfüllten Saal kamen. Ein Film über die Geburt war gerade zu Ende und die Diskussion wurde eröffnet. Die anderen hatten schon wesentlich dickere Bäuche, vielleicht war mein kleiner Bauch auch einfach der Grund, weshalb ich mich noch gar nicht mit dem hiesigen Geschehen identifizieren konnte. Im Moment habe ich eher das Gefühl, dass mir alles egal ist.

Noch 5 Monate!

Dezember 22

Letzter Schultag. Ich bin ganz schön k.o. und ferienreif. Gestern haben wir noch unser großes Weihnachtsmusical aufgeführt. Im Musical gab es eine Stelle, wo über Maria gesungen wird: »Die Frau kriegt ein Baby, sag' das doch gleich ...« Da kamen doch heute noch ein paar meiner ehemaligen Viertklässler auf mich zu, sangen mir diese Zeile vor und überreichten mir eine riesengroße Karte, auf der stand: »Wir werden dich sehr vermissen.« Innen klebten ganz viele Babyutensilien und die Unterschriften meiner Kids. Das war so eine liebe Überraschung. Ich war richtig gerührt!

Dezember 24

Endlich war der langersehnte Tag da! Gestern fuhren wir in die Weihnachtsferien zu unseren Eltern. Es war nicht leicht, über zwei Tage hinweg den Bauch mit einem gut vier Monate alten Kind zu verstecken. Zum Glück trage ich immer nur Schlapperkleidung. Seit einiger Zeit gehen die Jeans nur noch mit einem angesetzten Gummibändchen zu, das von weiten Pullis überdeckt wird.

Heilig Abend verbrachten wir bei meinen Eltern. Bei der Bescherung übergaben wir ihnen als Geschenk die beim Arzt aufgenommene Videokassette von den Ultraschalluntersuchungen. Sie wussten erst gar nichts damit anzufangen. Wir lachten nur und hielten den Fotoapparat bereit, um ihre verwunderten Gesichter einzufangen. Es war echt zum Kringeln! Mutti fragte immer: »Wann geht es denn los? Ist da eine Filmstörung? Das ist doch nur schwarzweißer Filmsalat!« Wir haben einfach immer nur gelacht und die Eltern weiter raten lassen. Wie gesagt, Mutti wartete, bis der Film endlich »losging«, Vater erforschte das schwarzweiße Durcheinander und sagte plötzlich so vor sich hin: »Sieht aus wie ein Embryo. Aber ich weiß nicht. Nun sagt doch mal, was das sein soll! Oder ist das doch ein Embryo? Sieht aus wie Arme ...« Mutti sah mich dann fragend an, ich lachte verräterisch, und damit war das Geheimnis gelüftet! Dann war natürlich großes Hallo und Umarmen angesagt. Wir sahen den Film noch ein paar mal an und versuchten, dabei möglichst viel vom Kind zu identifizieren. Mit der Zeit waren unsere Augen geschult. Besonders deutlich waren der Kopf, die Wirbelsäule und das schlagende Herz zu erkennen. Einfach süß! Ich bin so froh, dass wir diesen Film haben, er macht meine Schwangerschaft lebendig.

Nach Mitternacht sind wir noch zu Katrin und Jens gefahren. Seit einigen Jahren treffen wir uns immer mit ein paar Freunden, um die Heilige Nacht zu feiern, um zu erzählen und die vielen Tage der Trennung aufzuarbeiten. Diesmal war die große Frage, ob Uta und Alexander mitkommen würden, denn deren Geburtstermin war schon um eine Woche überschritten. Aber sie kamen! Uta war total kugeldick und schon richtig ungeduldig. Alle gaben ihren Tip ab: Es wird ein Mädchen. Ich wette dagegen, der Bauch sah eher nach einem Jungen aus. Logisch: ein spitz nach vorn geformter Bauch beinhaltet einen Jungen, runder, breiter Bauch ein Mädchen!

Wie wir so beim Stollenessen waren, fragte ich ganz nebenbei, ob Uta ihre Umstandskleidung verleihen könnte. Großes Schweigen. Wieso das denn? Alexander erfasste die Situation als erster: »Kriegt ihr etwa auch ...?« Ja, jetzt war aber Stimmung in der Bude! Alle freuten sich riesig mit uns. Jens sagte, er hätte in letzter Zeit gedacht, dass wir traurig sind, weil alle Kinder bekommen, aber nun sei ja alles gut. Katrin und Jens berichteten von ihren Geburtserlebnissen, Uta und Alexander steuerten ihre angelesenen und gehörten Kenntnisse dazu, und mir wurde auf einmal hundsübel ... Das war das erste Mal in meiner Schwangerschaft. Wahrscheinlich war es einfach zu viel. Ich war noch nicht so weit, mir so konkrete Gedanken über die Geburt zu machen, ist ja doch eine heikle Sache. Die anderen fanden auch, dass wir das Thema wechseln sollten, damit ich mir nicht Gedanken um völlig ferne Dinge mache. Und wir stellten fest, wie gut es doch ist, dass eine Schwangerschaft genau so lange dauert, dass man sich wirklich langsam darauf einstellen kann, innerlich zur Geburt hin mitwachsen und reifen kann. Andererseits sind die 9 Monate auch nicht zu lang, um nicht ungeduldig zu werden. Die Schöpfung ist eben perfekt angelegt!

So, heute waren wir bei Ekkehards Eltern. Ihnen haben wir zuerst die Ultraschallfotos gezeigt. Danach konnten wir uns vor Umarmungen kaum retten, die Freude war riesengroß. Als dann Ekkehards Schwester mit Familie und auch mein Schwager kamen, haben wir alle vor den Fernseher gebeten und gesagt, dass ein ganz spannender Film kommt. Zuerst waren die Zuschauer sehr skeptisch, denn so spannend kann doch kein Film sein, dass man ihn während der Bescherung ansehen muss. Doch wir blieben hart. Bettina hatte gleich den vollen Durchblick. Während die anderen noch fragend in das schwarzweiße Durcheinander blickten, fragte sie ganz selbstverständlich: »Ist das euer Kind?« Plötzlich wollten es alle sowieso schon geahnt haben, dass wir schwanger sind. Haha, dass ich nicht lache! Der einzige ist Klaus, denn der hatte ja wirklich an Ekkehards Geburtstag richtig getippt. Nun musste ich mich für die damalige Notlüge entschuldigen. Klaus meinte dann, ihm sei unser Trick mit den Weingläsern aufgefallen, denn den haben er und Bettina seinerzeit auch gehabt.

Dezember 28

Vor zwei Tagen hat Uta ihren Sohn auf die Welt gebracht. Zusammen mit Katrin, Jens und ihrem kleinen Jonas haben wir den »Neuen« in unserer Runde besucht. Johannes sieht seiner Mama total ähnlich. Uta erzählte, dass die Geburt eigentlich gar nicht schlimm gewesen ist. Nur hatte sie am Ende das Gefühl, dass ihre Kraft nicht reichen würde. Ja, man sagt ja, eine Geburt kostet soviel Energie wie die Besteigung eines zweitausender Berges. Da muss ich aber auch noch trainieren ... Aus unseren Urlauben weiß ich, dass Uta's und meine Kondition sehr ähnlich sind. – Auch fiel uns heute ein schöner Zusammenhang auf: Unsere Kinder werden immer genau im Abstand von 5 Monaten geboren. Wenn Johannes so alt ist wie Jonas, wird unser Baby kommen. Ich freue mich so sehr, dass wir jetzt mit drin sind im Geschehen und nicht mehr abseits stehen, dass wir mitreden und vor allem mitfühlen können, dass auch wir ein Baby erwarten und vor uns eine ganz spannende Zeit liegt.

Noch 4 Monate!

Mein Bauch wird dicker und dicker. Das Jahr, in dem unser erstes Kind geboren wird, hat begonnen. Ein feierlicher Gedanke! Seit heute trage ich eine Umstands-Latzhose und fühle mich sehr wohl in dieser weiten Kleidung. Jetzt sehe ich auch gleich viel »schwangerer« aus.

Januar 15

In der Schule ist eine neue Modewelle ausgebrochen. Viele Mädchen laufen mit blauen Latzhosen herum und behaupten: »Ich bin jetzt die Frau Wendler!« Witzig, wie die Mäuse beobachten und assoziieren. In den Pausen haben so manche Puppenmütter alle Hände voll zu tun, denn ihre Babys müssen gefüttert, gewickelt und liebgehabt werden. Was für eine schöne Möglichkeit, mit den Schülern über die Themen »Familie« und »Babypflege« zu sprechen bzw. zu üben, wie die (Puppen-) Babys behandelt werden müssen.

Januar 18

Zur Zeit bin ich krankgeschrieben. Nachdem mein 5 Wochen alter Husten immer noch nicht verschwunden ist, bin ich doch zum Arzt gegangen. Der hat eine Bronchitis festgestellt und mich zur Bettruhe verpflichtet. Darüber bin ich – ehrlich gesagt – auch nicht böse, denn ich habe mich nur noch durch den Unterricht geschleppt, reden kann ich sowieso kaum noch, und nun genieße ich die Ruhe zu Hause und schlafe ganz viel.

Gestern war ich wieder zum Ultraschall. Diesmal habe ich mehr erkannt als sonst. Zum Beispiel, wie mein Kind die Hand ausstreckt und mir winkt. War das ein schönes Erlebnis! Dieser kleine, lustige Matz kann der Mami schon Zeichen geben – einfach nett!

Außerdem hat der Arzt festgestellt, dass ES ein Junge wird! Bisher war ich mir ziemlich sicher, dass unser Kind ein Mädchen wird. Ich weiß nicht, warum. Ist auch egal. Der Arzt fragte mich, ob ich wissen wolle, was ES wird, er sei sich ganz sicher. Da ich aber mit Ekkehard überlegt habe, dass wir's noch nicht wissen wollen, verneinte ich. Aber während der ganzen Untersuchung plagte mich die Neugier. Am Ende bat ich dann doch: »Also, wenn Sie genau wissen, ob es ein Junge oder ein Mädchen wird, können Sie es mir ja verraten.« »Klarer Fall, es wird ein Junge!« war die weise Antwort des Arztes. Ich muss gestehen, dass mir erst einmal die Luft wegblieb. Ein Junge. Komisch. Ich konnte mich erst gar nicht so richtig freuen. Vielleicht lag es daran, dass Ekkehard den Namen für einen Jungen aussuchen durfte. Ich war für den Mädchennamen zuständig. Vielleicht war ich aber auch nur deshalb enttäuscht, weil ja nun sicher ist, w-a-s ES wird, obwohl wir uns dieses letzte Geheimnis bis zur Geburt aufheben wollten. Ich hatte mir nun ein Stück Überraschung vorweggenommen. Ein Junge! Auf dem Heimweg kam mir so der Gedanke, dass manche Frau aus anderen Kulturkreisen alles dafür geben würde, einen Jungen zu bekommen. – Allmählich habe ich mich aber mit dem Gedanken angefreundet und begonnen, mich auf meinen Sohn zu freuen. Mein Sohn. Wie das klingt! Ich freue mich auf ihn! Ob es ihm gut geht? Bestimmt, sonst hätte er mir nicht so lustig zugewinkt, aus seiner kleinen Welt in meine große Welt. Danke für die Grüße! Ich bin froh, dass es dich gibt!

Ekkehard war nicht so begeistert, als ich ihm sagte, dass ich weiß, was ES wird. »Das habe ich mir schon gedacht, dass du gefragt hast!«, meinte er und hatte wohl vor allem ein Problem damit, dass wir uns nun in unserer Gedankenwelt und Sprache auf einen Jungen einstellen und am Ende wird es vielleicht doch ein Mädchen. Gefühlsverwirrung! Aber ich machte ihm klar, dass der gewisse Unterschied ganz deutlich zu sehen war und wir uns ganz sicher auf einen Sohn vorbereiten könnten.

Februar 11

Manchmal strampelt das Kind ganz schön wild im Bauch herum. Meistens abends, sobald ich mich aufs Sofa oder ins Bett gelegt habe. Es ist schön, wenn ich es dann streicheln kann. Ekkehard kommt immer zu spät dazu, wenn ich sage, dass es sich bewegt, und er versucht, mit seiner Hand nach dem Kind zu fühlen. Es ist witzig, wenn so kleine Beulen an der Bauchdecke zu sehen sind. Ich weiß noch, wie ich erstmals den Eindruck hatte, das Baby zu spüren. Das war Ende Dezember, aber ich war mir sehr unsicher, ob dieses Kitzeln im Bauch das Baby sein könnte. Es fühlte sich an wie das leichte Streichen einer Feder. Inzwischen bin ich schon »Profi« und merke genau, wann sich mein Kind meldet. Zum Beispiel »meckert« es, wenn ich renne oder sonst irgendwie Stress mache. Dann klopft es von innen, so als ob es sagen wollte: »Hey Mami, nicht so schnell, ich bin auch noch da!«

Wenn ich längere Zeit nichts von ihm gespürt habe, mache ich mir Sorgen um das kleine Krümel und sehne das nächste Klopfzeichen herbei. Irgendwo habe ich gelesen, dass man zum Arzt gehen soll, wenn sich das Kind über 3 Tage nicht gemeldet hat.

Februar 14

Heute waren wir erstmals im Geburtsvorbereitungskurs für Paare. Wir sind 10 Paare. Hoffentlich nützt dieser Kurs auch wirklich etwas bei der Geburt. Wir haben einige Entspannungsübungen gemacht. Ob man damit gegen die Wehen ankämpfen kann? Aber dass wir lernen, wirklich ruhig zu sein, kann auch nicht schaden, denn wie ich mich kenne, werde ich total aufgeregt sein, wenn die Geburt beginnt. Na, zumindest finde ich es gut, einfach Zeit zu haben, in der wir uns ganz auf unser Kind konzentrieren können. Es ist schön, nur so dazuliegen und an die Zukunft zu denken. Nach den errechneten Geburtsterminen werden wir das vorletzte Baby im Kurs bekommen. Wenn es bei uns so weit ist, haben die anderen schon alle Aufregungen hinter sich und ihre Babys im Arm.

Noch 3 Monate!

Februar 15

Neulich fragte mich mein Chef, ob ich zufällig noch eine gute Hebamme suchen würde. Seine Frau hätte eine gute Adresse. Ich war dankbar für den Tipp, die Erfahrungen seiner Frau wollte ich gern nutzen, denn sie hat sieben Kinder. Die drei jüngsten Kinder hat sie mit der betreffenden Hebamme zu Hause entbunden. Also, eine Hausgeburt möchte ich auf keinen Fall haben, da ist mir das Risiko zu groß, dass etwas schiefgehen könnte. Besser man hat alle medizinischen Sicherheiten im Hintergrund und braucht sie nicht, als umgekehrt.

Heute Abend waren Ekkehard und ich also bei dieser Hebamme zu Hause. Sie war sehr nett, hat eine richtige kleine Praxis in ihrer Wohnung. Eigentlich wollte ich nur von ihr wissen, ob sie die Betreuung nach dem Klinikaufenthalt übernimmt.Sie hat zugestimmt.

Hinter uns liegen vier sehr schöne Tage an der See. Wir wollten einfach dem Karnevalstrubel entfliehen und die letzte Möglichkeit eines zweisamen Urlaubs nutzen. Es war knackig kalt auf der Insel, die Nordsee war teilweise zugefroren, am Ufer konnten wir über verschneite Wellenberge laufen. Einfach toll! Ganz super war auch die Möglichkeit, in unserer Unterkunft ein kleines Schwimmbad zu haben, das ich mindestens zweimal pro Tag genutzt habe. Auf unseren langen Strandspaziergängen haben wir uns immer vorgestellt, wie das wohl sein wird, wenn das Kleine da ist. Wir haben ja schon vieles über die erste Zeit mit Kindern gelesen, aber alle »Betroffenen« sagen, es wird auf alle Fälle *anders*, als man vorher denkt.

In unserer Pension war auch eine Familie mit einem etwa 5 Monate alten Baby. Zum Frühstück kamen die Eltern immer ausgerüstet mit einem Babyphon. Das Kind schlief also noch oder schon wieder. Auf alle Fälle finde ich es praktisch, wie die Leute Urlaub machen können, und freue mich auf ähnliche Erlebnisse, wenn wir unser Kind haben. Manche Leute sagen zwar, sobald ein Kind da ist, kann man das Verreisen vergessen, aber inzwischen habe ich so viele Familien mit Babys und Kleinkindern im Urlaub gesehen und denke, dass das alles nur eine Frage der Einstellung und Organisation ist.

Weil ich mir ein bisschen wie eine Rabenmutter vorkomme, die noch überhaupt nichts für ihr Baby vorbereitet hat, habe ich heute mal den Anfang gemacht. So ein ungemütlicher Samstag mit nasskaltem Wetter und einer warmen Wohnung ist schon 'was wert. Nachdem alle Hausarbeiten fertig waren, habe ich mich mit vielen Babykatalogen umgeben und eine lange Liste mit allen nötigen Dingen erarbeitet. Ich habe all das ausgeschnitten und aufgeklebt, was wir für das Kind benötigen. In den Spalten daneben wurde dann der Preis eingetragen, ob es gekauft oder geliehen ist (wenn geliehen, von wem). Das hat richtig Spaß gemacht. Klein-Baby hat mitgeholfen, indem es immer mal aus dem Bauch heraus getreten hat.

Heute wurden erstmals die Herztöne des Babys und die noch längst nicht vorhandenen Wehen am CTG (Cardio-Tocco-Gramm, also Herz-Wehen-Schreiber) gemessen. Das Babyherz ist rasend schnell und erinnert an das »Schwellenruckelgeräusch« im Zug zu Reichsbahnzeiten. Ich bin fasziniert davon, das kleine Herz meines Kindes gehört zu haben. Da war wieder das Lebenszeichen aus meinem Bauch, so als wolle mir das Kleine zurufen: »Hörst du mich, Mami? Mir geht's gut!«

Von unseren Nürnberger Freunden erhielten wir heute eine Geburtsanzeige: Vor zwei Tagen wurde Mirjam geboren. Schön! Nun sind wir die nächsten in unserem Freundeskreis, die eine Geburtsanzeige verschicken werden.

Abschied aus dem Berufsleben

März
1

Obwohl ich noch im Dienst bin, ist mein Nachfolger bereits eingestellt. Gero ist ein sehr netter Kollege, und ich freue mich besonders für meine 1. Klasse, dass sie in so liebe Hände kommt. Aber es wurmt mich irgendwie der Gedanke, eigentlich nicht mehr gebraucht zu werden. Ich komme mir vor wie eine alte Frau kurz vor der Pensionierung, die schon mal aufs Abstellgleis gestellt wird, weil Jüngere auf die Arbeit warten.

Wahrscheinlich gibt es auch so etwas wie »pränatale Depressionen« (aus den schlauen Büchern, die ich in letzter Zeit gelesen habe, weiß ich, dass die meisten Mütter kurz nach der Entbindung unter postnatalen Depressionen leiden werden, was sich in grundlosen Tränenausbrüchen äußert), die mir im Moment zu schaffen machen. Das wäre eine beruhigende Erklärung.

Als Heidrun, unsere Schulleiterin, vorhin auf mich zukam und meinte, dass Gero ab sofort meinen Fachunterricht in der 3. und 4. Klasse übernehmen soll, kamen mir die Tränen. Erst einmal habe ich protestiert und gesagt, dass ich auf alle Fälle selbst die letzten Stunden, die mir bis zum Mutterschutz noch bleiben, geben will.

Nach dem Unterricht habe ich mit Heidrun darüber geredet und gesagt, dass ich mich abgestempelt fühle. Merkt denn keiner, wie sehr ich an meiner Arbeit hänge und wie schwer mir sowieso der Gedanke an den Abschied fällt? Heidrun meinte dann, ich sähe alles ganz falsch, ich solle mir selbst mehr Gutes gönnen und mich nicht so strapazieren, sie wolle mir nur Arbeit abnehmen und mir und dem Kind mehr Ruhe verschaffen. Sehr nett, wirklich, aber ich will mir keine Ruhe gönnen, sondern das Schulleben mit allem dazugehörigen Stress genießen. Ich brauche meine Schule! Ja, ich habe sogar Angst vor dem eintönigen Mutter-Haushalts-Alltag! Jetzt merke ich genau, an welchem Punkt es mir am meisten schwer fällt, eine neue Rolle anzunehmen.

Zu Hause habe ich im Bett geheult – einfach so. Ich konnte mich nicht dagegen wehren. Die Vorstellung, dass ein völlig neues Leben beginnt, dass etwas auf mich zukommt, das ich nicht einschätzen kann, hat mich schwach gemacht. Und in dieser Ohnmacht fiel mir auf, wie egoistisch es ist, nur daran zu denken, was man für das Kind aufgeben muss, statt sich zu allererst auf das kleine Wesen zu freuen: Mein Kind! Ob ich jemals eine gute Mutter werden kann?

März 8

Das kann doch nicht wahr sein! Ich liege mit über 39° C Fieber im Bett, fühle mich total elend und bekomme von allen Seiten Warnungen. Da ich heute früh nicht auf Arbeit gegangen bin und in der Schule angerufen habe, musste Heidrun lachen. Sie meinte, dass ich mir nun aber wirklich Ruhe gönnen soll, denn mit Fieber und Baby im Bauch sei nicht zu spaßen. Ich musste auch versprechen, zum Arzt zu gehen, und der hat mich gleich eine Woche ins Bett verbannt, weil er mir keine Medikamente verschreiben konnte. Ach ja! Auf der einen Seite bin ich schon ganz froh, diese ewig währende Erkältung mal richtig auskurieren zu können. Ich dachte schon, mein Kind wird geboren und sagt als erstes: »Hatschi«!, aber andererseits wird die wenige Zeit, die ich noch arbeiten kann, nochmals verkürzt …

Noch 2 Monate!

März 22

Das war er nun – mein lange gefürchteter, letzter Schultag! Schon früh am Morgen habe ich gemerkt, wie nahe ich ständig den Tränen bin, und habe mir vorgenommen, diese irgendwie zu unterdrücken. Ich habe versucht, mich auf alle möglichen Dinge zu konzentrieren, die »normal« sind und in keiner Weise an Abschied erinnern. Deshalb ist dann auch alles wie im »Trance« an mir vorbeigezogen.

Die Krönung folgte in den ersten beiden Unterrichtsstunden, in denen wir wie jeden Freitag mit der ganzen Schule eine Andacht gehalten haben. Es folgte fast so eine Art Festprogramm. Jede Klasse hat sich irgendeine Sache ausgedacht: Lieder, Sketche, kleine Geschenke usw. Es war einfach süß, und ich hatte große Probleme, tränenfrei zu bleiben. Die Viertklässler haben das erste Lied, das ich ihnen zu Beginn ihrer Schulzeit beigebracht habe, kostümiert und gespielt vorgetragen. Eine Klasse hat in Mathematik gerade gelernt, wie man Quader bastelt, und ist dabei auf die Idee gekommen, kleine Kästchen herzustellen und mit tausenderlei Babysachen zu füllen und mir zu schenken. Mit Bildern, Briefen und Glückwünschen überschüttet saß ich da und konnte nur staunen und mich freuen.

Das war alles sehr ergreifend, und mit diesem Abschied wird es ernst: Bald kommt mein Kind!

Als ich so mein Klassenzimmer aufgeräumt habe und x riesige Kartons mit meinen Materialien füllen musste, ist mir noch einmal so richtig bewusst geworden, was für eine schöne Zeit hinter mir lag. Wie wird das nun sein, zu Hause? Ob mir die Decke auf den Kopf fallen wird?

In Gedanken ist das Kind noch weit weg … eben gut aufgehoben im Bauch. Sobald es aber strampelt, wird mir bewusst, dass es nicht mehr lange dauert, bis ich den kleinen Matz im Arm halten werde.

März 31

Am Wochenende waren unsere beiden Neffen Richard (4 Jahre) und Robert (2 Jahre) zu Besuch bei uns. Die beiden haben wirklich nur Blödsinn im Kopf. Nachdem sie alle Seramissteinchen aus den Blumentöpfen auf dem Teppichboden verteilt hatten, wurden die Schränke ausgeräumt. Wir konnten gar nicht so schnell reagieren, wie sie etwas anstellten. So wird das also bei uns demnächst auch sein, mit der derzeitigen Ruhe und Bequemlichkeit ist es dann endgültig aus. Ich kann mir das einfach noch nicht vorstellen, wie es ist, so ein kleines Mäuschen Tag und Nacht um mich herum zu haben. – Nun wissen wir wenigstens, wie wir unsere Wohnung kindersicher gestalten müssen!

Ekkehards Schwester hat uns viele Babysachen gegeben, die ich gestern gewaschen, gebügelt und fein einsortiert habe. Soweit ist doch schon alles gut vorbereitet, und das Kind kann kommen.

April 2

Der Geburtsvorbereitungskurs ist beendet. Eigentlich habe ich aber nicht das Gefühl, dass ich gut auf die Geburt vorbereitet bin. Vielleicht geht das auch gar nicht. Man muss halt durch. Oder zumindest psychologisch könnte es etwas geholfen haben. Ein guter Satz ist mir noch im Ohr: »Jede Wehe bringt dich deinem Kind näher! Mit diesem Wissen werden die Wehen nicht nur Schmerz, sondern vor allem Weg zum Ziel bedeuten. Versuche, auf jeder Wehe mitzuschwimmen, wie auf einer Welle, die dich zum Ufer trägt.« Ach ja, und dann sollen wir versuchen, jede Wehe möglichst ruhig zu veratmen, uns nicht verkrampfen. Ich werd's versuchen! Letzte Woche habe ich mir aus der Bibliothek ein Buch über Geburtsvorbereitung ausgeliehen. Da kann ich noch mal richtig in Ruhe nachlesen, welche Wehen wie zu verarbeiten sind. Na, wer weiß, bei der Geburt werde ich mich wohl sowieso kaum an diese Theorien erinnern können, sondern eher irgendwie in die Situation hineinleben.

Heute war ich zum ersten Mal im Babypflegekurs. Ich mache ihn zusammen mit Ute, einer Bekannten aus dem Geburtsvorbereitungskurs, die ganz in meiner Nähe wohnt und zu einer lieben, wichtigen Freundin wurde. Ich finde es gut, jemanden zu kennen, der zur Zeit Gleiches erlebt und fühlt. Außerdem haben wir beide tagsüber viel Zeit zum Spazierengehen, Eisessen und um über Kinder zu reden und eben für den Pflegekurs.

April
9

Über Ostern waren wir wieder zu Hause bei den Eltern und hatten ganz schön viel vor. Ich habe mich fast durch die Gegend rollen müssen, denn mittlerweile ist mein Bauch recht dick geworden. Am Sonntag sind wir noch in Dresden gewesen, haben Silke und David, zwei unserer noch »kinderlosen« Freunde, besucht (die darüber nachdenken, wann sie unserem Beispiel folgen und eine Familie gründen) und sind dann mit dem Schlafwagen zurückgefahren.

Das war also unsere letzte Nachtfahrt zu zweit. Es gibt so viele Sachen, bei denen ich ganz oft denke, dass das nächste Mal unser Kind dabei ist.

Noch 1 Monat!

Da ich ja schon die dritte Woche im Mutterschutz bin, habe ich unendlich viel Zeit. Der Haushalt ist einigermaßen in Ordnung, meine Schulsachen habe ich alle aufgearbeitet, ich schlafe viel und könnte ständig essen.

Am Nachmittag war ich beim Frauenarzt, es war der letzte Ultraschalltermin. Nun kann es auch keine Frühgeburt mehr geben, denn das Kind ist voll ausgereift. Ich bin wirklich sehr gespannt, wann ES kommt. Wir rechnen ganz fest mit einem Jungen und sprechen ES auch so an, hoffentlich stimmt es! Er ist neuerdings sehr wild, strampelt häufig, besonders dann, wenn ich schlafen will. Da meine Blutwerte nicht so ganz in Ordnung sind, bekomme ich Eisentabletten verschrieben, die mir gegen meine permanente Müdigkeit und Schlappheit helfen sollen. Ich bin außerdem schon wieder erkältet. Der Schnupfen nervt und kostet viel Kraft.

So, etwa einen Monat vor dem errechneten Geburtstermin steht der Klinikkoffer gepackt und griffbereit da. Es ist ganz schön viel zusammengekommen.

April 22

In der vergangenen Nacht hatte ich einen ganz wirren Traum. Es soll ja während der Schwangerschaft vorkommen, dass man unreale Dinge vom Baby träumt. Ich weiß noch, dass meine Freundin Uta mal erzählte, dass sie von einem Kind mit drei Armen geträumt hat. Ich habe im Schlaf folgendes »erlebt«:

Ich war zu Hause mit meiner Mutti im Garten. Sie fragte mich, ob ich denn dem Kind schon mal etwas zu trinken gegeben habe – nach einer Woche! Ich habe »Nein« gesagt, Mutti antwortete, dass das aber nötig sei. Das war genauso, wie mich Mutti immer daran erinnert, dass ich den Blumen, die sie mir aus dem Garten mitschickt, frisches Wasser geben soll.

Ich bin also in mein Zimmer gegangen und habe das Kind genommen, das in unserem Bett lag. Und jetzt kommt's: Es war eingepackt in zwei Plastiktüten und feuchtes Papier – genau wie Mutti's Blumenpakete, die für die lange Fahrt haltbar gemacht werden mussten. Ich habe erst einmal gelauscht, ob das Herz noch schlägt, und dann erleichtert das Kind ausgepackt und gestillt. Es war aber miniklein, wie eine Puppe.

April 27

Ich habe das Gefühl, dass das Kind zusehends wächst. Noch vor ein paar Tagen dachte ich, dass mein Bauch gar nicht in der typischen Form vorsteht. Das hat sich schlagartig geändert. Ich komme nur noch langsam vorwärts.

Bisher bin ich jeden Tag bummeln gegangen. Wir wohnen ja ziemlich in der Innenstadt, da habe ich mir einen Spaß daraus gemacht, das bunte Treiben, die Geschäftigkeit der Leute und überhaupt alles Mögliche zu beobachten. Wer weiß, wann ich später mit Kind mal wieder so einfach bummeln kann. Ich habe ja im Moment alle Zeit der Welt zur Verfügung! Morgens stehe ich immer mit Ekkehard gegen 6.00 Uhr auf, dann frühstücken wir miteinander. Wenn er auf Arbeit gegangen ist, mache ich den Haushalt fertig. Dann kann ich entweder noch mal schlafen oder Briefe schreiben oder nachdenken, was ich abends koche. Wenn mir nichts einfällt, gehe ich in die Bibliothek und suche in den Kochbüchern nach einem netten Rezept. Abends wird dann Ekkehard immer mit etwas Leckerem überrascht.

Inzwischen werden meine Aktivitäten doch ein wenig eingeschränkt. Es ist, als ob mich der Bauch bei jedem Schritt nach vorn zieht. Aber das Baby strampelt noch ganz schön, da kann es ihm nicht zu eng sein. Es soll ja dem Kind gegen Ende der Schwangerschaft kaum noch möglich sein zu treten, weil es dann zu eng in der kleinen Wohnung ist. Offenbar haben wir also schon noch ein paar Tage vor uns.

April 29

Seit Samstag sind meine Eltern zu Besuch. Sie haben uns den Stubenwagen fürs Baby mitgebracht. Er ist wunderschön geworden! Vati hat das Gestell und die Räder wieder funktionstüchtig gemacht und weiß angestrichen. Mutti hat den Korb und den Himmel mit rot-blauem Stoff umnäht, Decken und ein Püppchen hineingelegt. Das Ding ist ein uraltes Familienerbstück, in dem sozusagen die Geschichte unserer Vorfahren verschmilzt: Ekkehards Uropa hatte das Gestell einst auf einem Trödelmarkt im Erzgebirge gekauft. Der Korb ist noch nicht ganz so alt, immerhin habe ich darin schon schön gemütlich gelegen. Nun steht der Stubenwagen im Schlafzimmer und wartet auf seine »Belegung«.

Ansonsten herrscht ein bisschen Stress, weil Mutti meint, meinen ganzen Haushalt auf den Kopf stellen zu müssen, damit für das Baby alles 1000% sauber ist. Das heißt, Fenster, Gardinen, Teppiche, Möbel, Kleidung … alles wird generalüberholt! Wieso können Mütter nicht einfach mal ruhig dasitzen und Ruhe genießen? Ich bin überzeugt, dass mein Haushalt so schlimm nicht sein kann! Na, abwarten, bald bin ich ja auch eine Mutti, und wahrscheinlich fällt der Apfel nicht weit vom Stamm!

Heute früh haben wir eine Tour zum Babymarkt gemacht und eine Badewanne, Eimer, Waschschüssel, Wickelauflage, Federbett gekauft. So fühle ich mich doch zunehmend besser auf mein Kind vorbereitet.

Mai 8

Genau noch eine Woche bleibt bis zum ausgezählten Geburtstermin. Ekkehard ist auf Dienstreise, und ich habe Angst, dass die Wehen losgehen könnten …

Heute Mittag war ich mal wieder in der Schule und habe beim Schuleignungstest für die zukünftige 1. Klasse mitgemacht. Der Weg ist mir recht schwer gefallen, aber es war schön.

In der Schulumgebung ist mir wieder klar geworden, wie sehr ich einen Kompromiss wünschte: Ich würde gern in der Schule arbeiten und mein Kind mitnehmen können. Ich könnte vielleicht nur 2 Stunden am Tag arbeiten, das muss doch organisierbar sein! Ich weiß, dass das praktisch nicht geht. Ich werde doch zu Hause bleiben, denn weggeben möchte ich mein Baby nicht, auch nicht stundenweise, denn zumindest im ersten Lebensjahr soll ein Kind seine Mutter rund um die Uhr um sich haben, und ich möchte auch selbst keine Minute auf das Kleine verzichten. Das ist mir auch ganz wichtig. Ich habe mir ja auch kein Kind gewünscht, um es wegzugeben und anderen die Freude am Zusammensein mit ihm zu gönnen, sondern weil ich selbst erleben möchte, wie es aufwächst, wann es zum ersten Mal lächelt, sitzt, krabbelt, läuft ... Es ist garantiert auch für das Kind viel angenehmer, in Ruhe, ohne Stress zu Hause bleiben zu können und nicht immer mit der Mutter durch die Gegend ziehen zu müssen. Ich möchte mich endlich freimachen von meiner ewigen Suche danach, alles miteinander verbinden zu können.

Bevor wir den Eignungstest in kleinen Gruppen durchgeführt haben, fand eine gemeinsame Zusammenkunft statt, in der alle Lehrer benannt wurden. Als ich als Lehrerin im Erziehungsurlaub vorgestellt wurde, stand plötzlich Deborah, eine Schülerin von mir, auf und sagte: »Das stimmt gar nicht, dass die Frau Wendler im Urlaub ist, die kriegt nämlich ein Baby!«

Mai 9

Im Moment bin ich irgendwie übersensibel. Mir kommen ganz oft die Tränen – einfach so, ohne einsichtigen Grund. Wenn ich zum Beispiel daran denke, dass ich bald Mami bin, kommen mir die Tränen. Wenn ich daran denke, wie es war, als ich selbst noch ein Kind war, kommen mir die Tränen. Wenn ich meiner Mutter zum Muttertag schreibe, kommen mir die Tränen. Wenn ich mit meinem Baby rede, kommen mir die Tränen. Was ist nur los?

Vielleicht ist das so eine Art Mischung aus »heiliger« Vorfreude und feierlichem Ernst. Mit dem ersten Kind wird wirklich alles neu und ganz gewiss völlig *anders*, als man es sich denkt ... Was kommt denn da nun wirklich auf mich zu?

Mai 12

Muttertag, aber mein Kind ist noch nicht zum Gratulieren gekommen. Wir waren heute Mittag schön essen – sicherlich das letzte Mal für die nächste Zeit zu zweit. Wie wir das schon vor einem Jahr erlebt haben, bekamen alle Mütter im Restaurant eine Rose geschenkt, diesmal stand sie mir aber auch zu! Anschließend sind wir noch ein bisschen spazieren gegangen und haben dann einen schönen Mittagsschlaf gehalten. Oh, wenn ich daran denke, dass in Zukunft unser Schlafbedürfnis weniger befriedigt werden wird, bekomme ich ganz weiche Knie, denn wir brauchen beide viel Schlaf, um fit zu sein!

Mai 15

Heute wäre nun der errechnete Geburtstag, doch keine Spur von unserem Kind. Vielleicht stört es auch das Regenwetter! Das lädt nun nicht gerade ein, auf die Welt zu kommen.

Der Arzt hat heute festgestellt, dass der Muttermund bereits 1 cm geöffnet ist und die Geburt kurz bevorsteht. – Er schätzt, in 1-5 Tagen. Mich überkam bei diesen Worten ein geheimnisvoller Schauer. Es geht los!

Mai 17

Immer noch kein Baby, dabei sind wir so in Bewegung! Wir haben unsere Freunde zu Besuch und sind viel unterwegs. Das müsste doch eigentlich so ein Baby herauslocken! Naja, ich bewege mich aber auch nur in einem relativ kleinen Radius rund um die Stadt, habe für alle Fälle immer den Mutterpass bei mir und kann mir noch gar nicht vorstellen, wie das ist, wenn die Wehen beginnen. Hoffentlich wandern wir da nicht gerade durch ein einsames Waldstück!

Beim Arzt, den ich jetzt alle 2 Tage aufsuchen muss, hat sich noch keine Neuigkeit ergeben. Am Wehenschreiber herrscht Ruhe vor dem Sturm, die Herztöne des Kindes sind völlig okay. Aber das Gebummel unseres Kindes ist schon ein starkes Stück! Selbst Ekkehard wird langsam ungeduldig. Besonders nervig sind die pausenlosen Telefonate. Werdende Großeltern können eine panische Angst haben, nicht rechtzeitig informiert zu werden! Glauben sie wirklich, wir vergessen, ihnen die Geburt unseres Kindes mitzuteilen? Manchmal rufen sie sogar früh und abends an, um auch wirklich den ganz aktuellen Stand zu haben. Ich wusste bisher noch nicht, wie belastend so ein Telefonanschluss sein kann! Aber selbst das ständige Telefonklingeln bringt das Kind nicht schneller auf die Welt, wer hätte das gedacht?!

Mai 19

Um den 2-Tage-Rhythmus der ärztlichen Untersuchungen einhalten zu können, mussten wir heute ins Krankenhaus gehen, denn es ist Sonntag. War das vielleicht komisch. Ich wurde direkt in den Kreißsaal geführt (Hilfe, ich bekomme doch noch gar kein Kind!) und mit dem Wehenschreiber verbunden. Erstmals war heute ein kleiner Wehenberg auf dem Diagramm zu sehen, gefühlt habe ich aber nichts.

Ich war dann froh, als wir schnell wieder das Krankenhaus verlassen durften. Da es schon den ganzen Tag wie aus Eimern regnet, haben wir eine gemütliche Mittagsruhe eingelegt. Wer weiß, wann es diese mit Kind mal wieder gibt! So im Liegen kam mir der Gedanke, dass ich garantiert eine Rabenmutter werde. Ich habe vor so vielen Dingen Angst: Geburt, Schlafdefizit, den ganzen Tag nur zu Hause zu sein ... und so selten überwiegt die vorbehaltlose Vorfreude. Werde ich ihm genug Liebe und Wärme geben? Vielleicht kommt es auch deshalb nicht, weil es meine Unsicherheit spürt? Ich habe jedenfalls ein schlechtes Gewissen. Trotzdem bin ich so neugierig, wie alles nach dem Tag X sein wird, wie mein Kind aussieht. Ich habe aber auch Angst, dass es nicht gesund sein könnte. Ich wünsche mir so, dass die positiven Gefühle endlich überwiegen und alles Abwägen und Aufschiebenwollen endlich ein Ende hat.

Irgendwie beeindruckt mich auch der Gedanke, dass das Kind bald seinen Ursprung verlassen muss. Es ist unvorstellbar, dass ja *vor* dem Bauch nichts war. Darin lebt es, seit es lebt. Das Kind kennt nichts anderes, dort ist es entstanden und gewachsen. Da muss es nun heraus. Ob es will? Ob es auch Angst hat – genau wie ich? Auf einmal habe ich richtig großes Mitleid mit meinem armen, kleinen Kind. Es kommt so ganz allein und nackt in eine ungeahnte, unbekannte, endlos große Welt. Es weiß gar nicht, was mit ihm geschieht, kann sich nicht dagegen wehren, es wird sich nur wundern und ängstigen, denn alles ist anders, fremd, unbegreiflich. Es kennt nur seine kleine, warme Höhle, in die es nie wieder hinein kann. Es wird in eine Welt hinein geboren, die ihm sicherlich unheimlich vorkommt. Und dann ist es darauf angewiesen, gehalten, geliebt, angenommen zu werden – von Mami und Papi. Und wir müssen diesem kleinen Schatz nur das Gefühl der Geborgenheit geben und Liebe und Willkommensein. Ach, Kind, lass mich ganz fest zu dir halten! Das wird spannend. Wir freuen uns! Ob uns unser Kind bald kennenlernen möchte?

Mai 22

Der Mai schreitet immer weiter voran. Nun ist der Geburtstag unseres Kindes schon um eine Woche vom Plan abgewichen. Auch wenn das als ganz normal gilt, ist es für uns doch eine harte Geduldsprobe. Ich bin jetzt täglich zur Kontrolle beim Arzt. Heute hat sich sogar eine kleine Wehe gezeigt, aber die war bedeutungslos. Der Arzt wollte wissen, ob ich denn für die Geburt bereit sei, so ein Ereignis sei nicht nur biologisch, sondern auch psychisch beeinflussbar. Eigentlich bin ich noch nicht bereit, und genau das wird wohl der Grund sein, dass ich mit meinen vielen Ängsten und Fragen die Geburt verzögere.

Vor dem Mittagsschlaf habe ich meinem Baby noch mal lange zugeredet, dass es doch endlich kommen soll. Ich musste wieder weinen, wie immer, wenn ich ganz innig in Gedanken bei unserem Schatz bin. Vielleicht will es ja wirklich nicht auf diese chaotische Welt kommen, weil auch ich so oft traurig bin und mich manchmal frage, wozu man eigentlich lebt. Lebt man nur, weil die eigenen Eltern ein Kind haben wollten? Ich glaube, ohne meine Gewissheit, dass Jesus Anfang und Ende, Sinn und Ziel der ganzen Schöpfung ist, würde ich an dieser Frage scheitern – oder mir zumindest vorkommen wie ein Hamster im Laufrad .

Mai 25

»Es« hätte ja heute am Pfingst-Samstag geboren werden können, heute vor 5 Jahren haben wir geheiratet, ein schöner Tag also. Aber nein – es ist damit nicht zu locken.

Wir mussten heute ins Krankenhaus zum Wehenbelastungstest. Ich bekam ein wehenförderndes Mittel, das auch tatsächlich Wehen auslöste. Ich konnte sie fühlen und auf dem Diagramm sehen. Es wurde getestet, wie das Kind auf diese künstlichen Wehen reagiert. Die Herztöne des Kindes blieben normal. Als ich fragte, ob durch diesen Test auch die richtigen Wehen ausgelöst werden können, meinte die Hebamme, dass das nur ganz selten der Fall ist, aber doch passieren kann. Ich hatte so eine Ahnung, dass das bei mir der Fall sein wird. Mir war auch der Zeitpunkt sehr recht, denn das lange Feiertagswochenende gab mir Sicherheit, weil mein Mann bei mir war. Es wurde auch ein Ultraschalltest gemacht, bei dem der Gesamtzustand des Kindes kontrolliert wurde. Dem Kleinen geht's bestens. Als ich das Köpfchen auf dem Bildschirm sah, habe ich mich total gefreut und hätte mein Baby am liebsten auf den Arm genommen und gestreichelt! Ein wohliges Gefühl durchströmte mich bei diesem Gedanken. Es war auch ganz anders als bei den anderen Ultraschalluntersuchungen der letzten 9 Monate. Jetzt war alles ganz greifbar nahe. Ach, mein Baby, ich freue mich auf dich!

Da wir heute insgesamt viermal zur Kontrolle im Kreißsaal antreten mussten und erst gegen 23.00 Uhr wieder zu Hause waren, sind wir ziemlich k.o. Zum Glück wohnen wir nur 20 Minuten Fußweg vom Krankenhaus entfernt, sodass wir zumindest zu den Mahlzeiten nach Hause gehen konnten. Aber irgendwie war das vorher nicht zu ahnen, dass wir praktisch den ganzen Tag auf dem Weg zu den Wehen sein würden. Wir dachten halt, mit einem Mal ist alles erledigt. Ich fiel dann hundemüde ins Bett und hatte schon so eine Vorahnung, dass sich an diesen anstrengenden Tag sicherlich noch die Geburt anschließen wird, und das sollte sich bewahrheiten:

Das Baby kommt!

Fast wäre heute der Geburtstag unseres kleinen Sohnes gewesen. Der längste Teil der Geburtsarbeit war nämlich heute zu bewältigen.

Gegen 7.00 Uhr bin ich aufgewacht, weil ich Bauchweh hatte. Erst dachte ich, ich müsste nur auf die Toilette gehen, dann könnte ich mich noch für ein paar Minuten aufs Ohr legen. Aber dieser bestimmte Druck kam wieder. Mir schwante schon ... Immerhin habe ich nun lange genug auf den Augenblick gewartet, an dem die ersten Wehen einsetzten, also war dieses verdächtige Gefühl nicht einfach wegzudiskutieren.

In den vielen schlauen Zeitschriften, die ich geschmökert hatte, wurden auch Tipps gegeben, woran man den Beginn einer Geburt erkennen kann. Zumindest beim ersten Kind ist man ja auf fremde Erfahrungen angewiesen. Ich erinnerte mich, dass man sich unter die Dusche stellen und lauwarm berieseln lassen soll. Bleibt der Druck oder kommt er nach einer Pause wieder, haben die Wehen begonnen, verschwindet der Druck, war alles nur Einbildung. Bei mir blieb der Druck. Ich erkannte dieses Ziehen auch wieder: – Es war genau wie gestern, als künstlich Wehen erzeugt wurden. Eigenartigerweise kam dieses Ziehen von Anfang an alle 3-5

Minuten, obwohl die Abstände zunächst größer sein sollten. Wie könnte man »Wehen« beschreiben? Für mich gab es eine klare Parallele zum Regelschmerz, der mich vor der Schwangerschaft allmonatlich für 1 bis 2 Tage quälte. Von daher hatte ich schon einen gewissen »Trainingseffekt« und kam relativ gut mit dieser Situation zurecht (und bin sogar bis zum Schluss ganz ohne Schmerzmittel ausgekommen, worüber ich sehr froh bin).

Ja, jetzt ging's also los. Ich kann gar nicht in Worte fassen, welches Gefühl mich durchströmte. Es war eine Mischung aus Vorfreude, Angst, Spannung, Abwarten und sogar Genießen. Ich wusch mir die Haare und pflegte mich rundherum, denn ich wollte in der Klinik gut aussehen und wusste ja außerdem nicht, wann ich mich wieder fit für eine Schönheitskur fühlen würde.

Als ich Ekkehard von den beginnenden Wehen erzählte, wurde er richtig nervös, so als ob er mit keiner Silbe geahnt hätte, dass wir ein Kind erwarten. – Außerdem war er total müde, da er bis 4.00 Uhr ferngesehen hatte und nun einen sehr langen Tag durchstehen musste. Oh ja, das war die »pränatale Ehemännerdepression«! Ich konnte ihn so gut verstehen, und er tat mir eigentlich noch mehr leid als ich mir selbst.

Mit der Zeit habe ich mich ganz gut in meine Situation hineingefunden, konnte die Wehen so gut veratmen, wie wir es im Kurs gelernt hatten. Wie ich es aus der Theorie kannte, gelang es mir auch wirklich, auf jeder Wehe »mitzuschwimmen«, obwohl der Schmerz manchmal ganz schön heftig war. Aber mir half auch die Vorstellung, dass ich so lange wie möglich zu Hause bleiben wollte, weil hier, in der alltäglichen Umgebung, alles erträglicher sein würde als in der Klinik. So versuchte ich auch, die Wehen in den normalen Tagesablauf einzubeziehen. Wir kochten zusammen unser Festtagsessen, ich ließ mir die Rouladen schmecken. Mir gelang sogar eine Art Mittagsruhe, die zwar immer von Wehen unterbrochen wurde, aber meine Müdigkeit war so groß, dass ich zwischenzeitlich tätsächlich ein wenig entspannen konnte. Über den Nachmittag hinweg versuchte ich zu lesen. Manchmal musste ich ganz schön die Luft anhalten (obwohl man das gerade nicht machen, sondern ruhig weiteratmen soll), aber durch meine verschiedenen Abwechslungen kam ich gut mit den Wehen zurecht. Ekkehard rollte mir immer mal nach Bedarf mit dem Massageroller über den Rücken, das tat sehr gut, entspannte und lockerte die verkrampfte Muskulatur auf.

Als dann der allabendliche Telefonterror begann, waren wir nicht gut drauf. Wir wollten unsere Ruhe haben und auch für uns behalten, dass die Geburt bereits begonnen hat. Meinen Eltern haben wir lediglich gesagt, dass ich nicht ans Telefon kommen kann, weil ich mich ein bisschen hingelegt habe. Die Wehen verschwiegen wir, sonst wären sie in Panik ausgebrochen oder hätten uns mindestens eine Million gut gemeinter Ratschläge erteilt, die wir aber im Moment nicht hören wollten. Danach schalteten wir das Telefon ab.

Nun stellten wir uns doch die Frage, wann wir in die Klinik fahren sollten. Ekkehard sagte, ich soll das entscheiden. Typisch! Aber woher soll er es auch wissen? Und: Woher soll ich es wissen? Es ist doch auch mein erstes Kind! Die Faustregel, dass man losfahren soll, wenn die Wehen alle 7-10 Minuten kommen, konnten wir nicht anwenden, weil ich ja seit morgens Wehen in viel kürzeren Abständen hatte … Tja, da war guter Rat teuer. Auf jeden Fall hatte ich keine Lust, mit gepacktem Koffer vor dem Kreißsaal zu stehen und von einer Hebamme wieder nach Hause geschickt zu werden, weil alles noch längst nicht so weit ist …

Kurz vor 19.00 Uhr löste sich der Schleimpfropf, das war ein sicheres Zeichen zum Aufbruch. Stress wollten wir aber noch nicht machen. Erst gegen 22.00 Uhr riefen wir ein Taxi an, doch das kam nicht. Plötzlich stieg in mir Panik auf. Was ist, wenn die uns vergessen haben, wenn das Kind zu Hause kommt? Wir riefen nochmals in der Taxizentrale an. Tatsächlich war dort etwas schief gelaufen. Ein neues Auto wurde bestellt und kam zum Glück auch. Der Fahrer war total nett. Er fragte: »Na, da kommt wohl 'was Kleines?« Er erzählte dann, dass er selbst 3 Kinder habe und es überhaupt nicht verstehen könne, dass heute kaum noch Kinder geboren werden. Mir war's trotzdem nicht wie Reden zumute. Ich hab' mich immer nur bemüht, die nun doch recht heftigen Schmerzen zu bekämpfen, und war echt froh, als wir endlich da waren.

Dann öffnete der Nachtpförtner die Tür, meldete zur Station: »Ein Zugang« und wies uns den Weg zum Fahrstuhl. Oben am Kreißsaal öffnete eine Hebamme, die ich noch nicht kannte. Sie war ganz, ganz lieb und einfühlsam. Sie untersuchte mich, schickte mich zum Glück nicht wieder nach Hause, sondern teilte mir mit, dass der Muttermund schon 4 cm geöffnet ist. Irgendwann durfte ich baden. Es war himmlisch! Im Wasser fühlte ich mich so richtig gut und genoss die mich umspülende Wärme. Da keine anderen Patienten da waren, hatte die Hebamme Zeit für einen Plausch. Ich wollte wissen, wie lange es noch dauern könnte, bis das Kind kommt. Sie tastete mich noch einmal ab, sagte, dass der Muttermund inzwischen 8 cm weit geöffnet sei, und meinte: »In 4 Stunden müsste es da sein!« 4 Stunden noch, dann bin ich Mutter! Unbeschreiblich!

Auf einmal hatte ich das Gefühl, ganz schnell aus dem Wasser 'raus zu müssen, um nicht eine Unterwassergeburt zu provozieren. Ich verspürte so einen Druck im Unterbauch und fühlte, wie sich das Köpfchen nach unten schob. Dann bekam ich das »Engelshemd« angelegt und musste ins Entbindungszimmer. Hier war ich schon zum Wehenbelastungstest und somit nicht ganz fremd. Die Wehen taten mittlerweile extrem weh. Ekkehard ermahnte mich immer zum Weiteratmen. Zum Glück war er da! Ohne ihn wäre ich total einsam und verlassen gewesen. Er gab mir mehr als moralischen Beistand und verhielt sich wie ein Geburtsprofi, bei dem jeder Handgriff sitzt. Er war Herr der Lage, während ich eher neben mir stand, mich treiben ließ vom Geschehen, das da um mich herum ablief. Ich vertraute voll auf die anderen, die schon wissen würden, was ich zu tun hatte. Ich glaube, das war gut so. Wie ich so auf dem Pezziball saß, kämpfte und hoffte, dass alles schnell und glücklich über die Bühne gehen würde, brachte die Hebamme die Perlen für das Armbändchen und fragte, wie unser Kind heißen soll. Das haben wir natürlich noch nicht verraten! Sie fädelte sowieso nur den Familiennamen auf und legte ihn auf den Stoß mit Babysachen. Wieder überkam mich dieses geheimnisvolle Gefühl: »Mensch, das ist alles für mein Kind! Es ist noch nicht geboren, aber das Namensbändchen liegt schon bereit, und auch der Strampelanzug.« Das alles waren Dinge, bereit für einen völlig neuen Menschen, wartend auf einen neuen Lebensabschnitt –

auch für mich. Wir befanden uns direkt an der Schwelle in ein neues »Zeitalter«, kaum ahnend, wie es werden würde, aber voller Vorfreude und Spannung.

Geburtstag!

Es muss kurz nach Mitternacht gewesen sein, als ich mich auf das Bett legen sollte. Mir fehlte jede Zeitvorstellung. Der Muttermund war vollständig geöffnet. Die Fruchtblase wurde aufgestochen. Dann ging alles total schnell. Ich war noch gar nicht auf die 2. Phase der Geburt (Austreibungsphase) eingestellt, dachte, dass die Eröffnungsphase viel länger, zäher, unendlicher hätte scheinen müssen. In den vielen Büchern hatte ich gelesen, dass jede Frau froh ist, wenn sie endlich aktiv werden und pressen kann. Im Gegenteil. Ich war mir nicht sicher, ob meine Kraft reichen würde. Ich hätte lieber die anderen für mich arbeiten lassen. Aber jetzt musste ich ran. Augen zu und durch! Ähm, was sollte ich eigentlich machen? Pressen? Was ist das? Wo denn? Wie denn? Nie gemacht! Jetzt kam's drauf an. Ein Arzt kam noch dazu. Da wusste ich, dass es wirklich losgeht. Die Hebamme wollte mir Bescheid geben, wann ich pressen sollte. Das war aber gar nicht so einfach. Ich wusste erstmal nicht, welche Muskeln ich anspannen sollte. Der Arzt versuchte, von außen mitzuschieben, aber so richtig vorwärts ging nichts. Mir fiel in dem Moment ein, dass meine Freundin Uta genau das gleiche von ihrer Geburt gesagt hatte, dass sie dachte, die Kraft reiche nicht und dass sie gar nicht wusste, was sie tun sollte. Okay, ich gab mir aber alle Mühe und hatte den Trick auch schnell 'raus: Pressen wie auf der Toilette. Das war richtig. Und dann Luft anhalten. Der Arzt meckerte, weil ich die Luft ausgeatmet statt in den Bauch „gelenkt" hatte. Naja. Mein Mann stand neben mir und gab mir genaue Hinweise, was ich zu tun hatte. Er hielt mich fest und half mir, den Kopf in Richtung Knie zu drücken. Das war sehr hilfreich. So konnte ich mich richtig fallen lassen, musste nicht mitdenken.

Ich merkte, dass ich gar nicht mehr richtig bewusst alles um mich herum wahrnahm. Ich versuchte, im stillen Gespräch mit Gott zu bleiben, es waren aber eher Gedanken, Wünsche, die ich an ihn richtete. Ich wusste, er war da und wird alles gut machen. Ich fühlte mich und mein bald selbständig atmendes Kind in seiner Hand bewahrt. Gebet, Geräusche, Stimmen – alles rauschte an mir vorbei. Irgendwie bekam ich noch eine Infusion gelegt und eine Sauerstoffmaske übergestülpt.

Nun schien die Hebamme irgendwie in Panik zu geraten, flüsterte mit dem Arzt, verließ das Zimmer, kam mit einem fahrbaren Tisch herein, auf dem ich eine Saugglocke erahnte. Ich wollte aber doch das Baby so ganz normal zur Welt bringen, weder mit Zange noch mit Glocke, wenn es möglich war. Hinterher erfuhr ich, dass die Herztöne beim Baby rapide abgesunken waren, deshalb musste die Geburt unterstützt werden. Mein armes Kind muss richtigen Stress durchlebt haben! Es ist ja auch für so ein Baby eine anstrengende Situation, wenn es die Enge des Geburtsweges erlebt, unter Atemnot gerät und Angst aussteht, weil es gar nicht weiß, was eigentlich mit ihm passiert.

Dann flüsterte mir der werdende Papi ins Ohr: »Komm, das schaffen wir auch ohne das Ding!«, und

das war wohl die ausschlaggebende Motivation. Ich nahm alle meine Kräfte zusammen – und hörte, wie die Hebamme rief: »Ja, weiter, weiter, weiter!« Es schien vorwärts zu gehen. Und als Ekkehard dann ganz überrascht sagte, dass das Köpfchen schon zu sehen war, wusste ich, dass es geschafft war! Wahnsinn!
1.24 Uhr. Von einer Sekunde zur anderen war unser Kind geboren. Einfach so. Alle Anstrengungen mündeten im ersehnten Ziel.

Unser Sohn bekam den Namen Amos. »Amos« ist hebräisch und bedeutet so viel wie »Der von Gott Getragene«. Diesen Namen hatten wir schon fast seit Beginn der Schwangerschaft festgelegt. Wir wollten gern einen biblischen Namen haben, der aber noch nicht so inflationsartig verbreitet ist. Schließlich ist der Name ein lebenslanger Begleiter, er soll etwas Besonderes sein (so wie unser Kind etwas Besonderes für uns ist), schön klingen und Inhalt verkünden.

Möge Gott, unser Herr, diesen winzigen, zarten Menschen mit seinen liebevollen Vaterarmen tragen, begleiten und bewahren!

Er wurde abgenabelt, und kurz darauf bekam ich meinen Sohn auf den Bauch gelegt. Mein Mann drückte mich ganz fest. Ein völlig gesundes, einmaliges Baby! Wunderbarer Schöpfer, du hast uns ein unnachahmliches Geschenk gemacht! Danke! Unser Kind war da! Ich konnte immer nur »Na Hallo!« sagen und staunen.

Amos sah richtig niedlich aus, gar nicht so verschrumpelt, wie ich mir ein frisch geborenes Kind versucht hatte vorzustellen. Amos hob sogar sein Köpfchen ein wenig und blinzelte uns mit seinem linken Auge an.

Das sah so süß aus! Ich konnte meine Blicke nicht von ihm wenden, musste ihn immerzu streicheln. Mit seinem rechten Ohr lag Amos an meinem Herzen, damit er meinen Herzschlag weiter verfolgen und sich immer noch »wie zu Hause« fühlen konnte. Amos hatte noch ein bisschen Blut am Kopf, Käseschmiere war an einzelnen Stellen zu fühlen (ein gutes Zeichen dafür, dass er noch nicht übertragen war), und ihn umgab ein ganz eigenartiger, markanter Geruch vom Fruchtwasser. Ganz vorsichtig habe ich Amos geküsst und wusste, das ist nun mein Kind, nach dem ich mich so sehr gesehnt hatte, das ich nun mit aller nur erdenklichen Liebe umsorgen werde.

Geschrien hat Amos nicht. So wie früher, als die Kinder einen Klaps auf den Po bekamen, wird heute nicht mehr verfahren. Aber es war ja auch deutlich, dass es ihm gut ging! Ich war mir auch sicher, dass bei ihm alles okay ist, sonst hätte Amos nicht so lange bei mir kuscheln dürfen. Damit sich unser Sohn vom Stress besser erholen konnte, wurde die Sauerstoffmaske noch locker vor sein Gesicht gelegt, ich denke, das tat ihm gut.

Während der nächsten fast zwei Stunden blieben wir so innig zusammen. Die Nachgeburt verlief problemlos. Der Arzt erklärte uns, welche Seite der Plazenta die dem Kind zugewandte Seite war und wie das mit der Nährstoffversorgung funktionierte. Ich habe gestaunt, wie rational Ekkehard alles verarbeiten konnte. Weder das ganze Blut noch sonst etwas hat ihn gestört (es sollen ja schon werdende Väter im Kreißsaal umgekippt sein).

Wir machten noch fix die ersten Fotos, dann wurde Amos gebadet und angezogen. Er bekam einen grünen

Strampelanzug an und natürlich das blau-weiße Perlenarmbändchen mit unserem Familiennamen.

Ich wollte gleich noch duschen, hab' mich und meinen Kreislauf aber doch ein wenig unterschätzt und bin zweimal hintereinander umgekippt, so dass diese Aktion noch mal verschoben werden musste. Ich genoss es dann, mich ins frische Bett fallen lassen zu können, mein Kind gesund und munter neben mir zu wissen und mit Ekkehard noch einmal über alles sprechen zu können. Wir mussten zwei Stunden auf dem Gang warten. In der Zeit kamen ständig neue Frauen zur Entbindung, stolze Väter liefen mit ihren Kindern auf und ab und erwarteten ihre Frauen aus dem OP. Wir alle gratulierten uns gegenseitig und erzählten immer und immer wieder über das eben Erlebte. Jeder hatte ein so starkes Bedürfnis zu reden und damit dieses eigentlich unbeschreibliche Geburtserlebnis zu verarbeiten. Natürlich fehlten da die richtigen Worte, weil es gar keine passenden Vokabeln für diese tief durchfühlte Situation gibt. Doch uns alle verband eine ähnliche Erinnerung, jeder konnte ahnen, was den anderen bewegt. Eine feierliche Stimmung umgab uns, ein Hauch vom Paradies.

Eine Schwester fragte uns dann, ob unser Kind schon angemeldet ist. Wir sagten, dass wir uns ja bei unserer Ankunft beim Pförtner haben registrieren lassen. Aber uns wurde erklärt, dass doch unser Kind inzwischen geboren ist und selbstverständlich noch extra angemeldet werden muss. Ach, stimmt ja, es ist ja jetzt ein richtig eigener Mensch, nicht mehr ein Teil von mir im Bauch! Ein ganz neuer Gedanke machte sich breit.

Weil es so wichtig ist, das Baby so schnell wie möglich nach der Geburt zu stillen, bat ich eine Hebamme, mir beim ersten Versuch zu helfen. Amos schleckerte auch gleich drauflos. Diese erste Vormilch ist besonders reich an Abwehrstoffen und regt natürlich die Milchbildung an.

Ich war dann froh, in mein Zimmer zu kommen und schlafen zu können. Der frischgebackene Vater ging hundemüde nach Hause, er musste auch schlafen und vor allem tausend Anrufe tätigen. Unser kleiner Schatz wurde ins Kinderzimmer gebracht, denn auf der Station gab es nur die Möglichkeit zum rooming in während des Tages. Nachts schliefen die Mäuse im Kinderzimmer, wurden aber zum Trinken zu den Mamis gebracht. Eigentlich fand ich es schade, mich schon wieder von meinem Kind trennen zu müssen, und man kann sich sicherlich darüber streiten, ob es nicht viel besser und natürlicher ist, auf ein Voll-rooming-in zu bestehen oder gleich mit dem Kind nach Hause zu fahren, um es ununterbrochen bei sich haben zu können.

Ich habe mir natürlich im Vorfeld viele Gedanken darüber gemacht und verschiedene Vor- und Nachteile gegeneinander abgewogen. Ich denke, um gleich nach der Geburt wieder nach Hause zu gehen, müssen einige Bedingungen erfüllt sein, um nicht irgendwelche Risiken einzugehen. Dazu gehören aus meiner Sicht vor allem eigene Erfahrungen mit bereits geborenen Kindern und Betreuungspersonen, die rund um die Uhr anwesend sein können. Da unsere Eltern und Geschwister über 500 km entfernt wohnen und im Berufsleben stehen, konnten wir mit deren Hilfe vor Ort nicht rechnen. Und wir zwei »frisch geschlüpften« Eltern fühlten uns viel zu unsicher, um gleich in den ersten Tagen mit all den neuen Anforderungen zurechtzukommen. Abgesehen davon hatte mein armer Mann in dieser Zeit noch eine Dienstreise und anderes hinter sich zu bringen. Ich war also insgesamt sehr froh, im Krankenhaus umsorgt, bekocht und betreut zu werden, konnte mir hier jederzeit Rat holen und in Ruhe auf die Beine kommen, ohne dem eigenen Haushalt ins Auge sehen zu müssen. Mit der diesbezüglich oft angeprangerten Krankenhausroutine hatte ich keine Not. Schade war eben nur die nächtliche Trennung von Amos; wenn das beim nächsten Kind nicht sein müsste ...

Ich schlief also eine kurze Runde tief und fest. Erst als gegen 8.00 Uhr eine Schwester kam und mir mein Kind, eingepackt in eine blau-weiß-karrierte Decke, ins Bett legte, wachte ich auf. Das war so ein absolut glückliches, vollkommenes Gefühl mit dem warmen, weichen, kleinen Bündel an der Seite! Es war einfach herrlich! Amos lag da, blinzelte, fuchtelte mit den Ärmchen durch die Luft und hat sich bestimmt bei mir auch wohl gefühlt. Ich bin schließlich seine Mama! Mein Kind! Nun habe ich dich! Schön, dass es dich gibt!

Beim Stillen hatte ich den Eindruck, dass der arme Matz gar nichts zu schlucken bekommt, weil ja noch gar nicht genug Milch da sein kann. Der Milcheinschuss kommt erst am 3. bis 5. Tag. Aber wie er so zu saugen versuchte, dachte ich, dass Amos ein ganz liebes, bescheidenes Kind sei. Er saugte eben, weil er sollte. Brav!

Das süße Knuddelkind hatte aber auch noch seine Geburtserlebnisse zu verarbeiten. Wenn er so in seinem kleinen Glasbettchen lag und schlief, zuckte er manchmal mit dem Köpfchen oder den Armen. Man sagt, dass die Babys noch einige Tage erschrecken und sich an die Enge und Unbehaglichkeit erinnern. Dann ist es besonders gut, von der Mami gestreichelt zu werden und ihre Stimme zu hören.

Am Nachmittag kam der Papa wieder, brachte einen dicken Blumenstrauß mit und erzählte von den Anrufen. Dann haben wir noch fotografiert, um den Geburtsanzeigen eine Amosansicht beifügen zu können. So, dieser 27. Mai wird also in Zukunft der Tag der Geburtstagsfeier sein!

Zunächst aber waren wir alle drei müde. Meinen Mann hab' ich dann noch zum richtigen Erholen nach Hause geschickt. Schließlich lag vor ihm eine inhaltsreiche Arbeitswoche, die noch überstanden werden muss, bis der Urlaub beginnt. Wir hatten das so geplant, weil ich sowieso in der Klinik war, und so freuten wir uns auf die gemeinsame Zeit danach.

Liebe Gratulanten und wenig Ruhe

Mai 28

Amos hat seine Äuglein schon öfter aufgemacht. Er sieht so süß aus! Ich kann mich an ihm gar nicht genug satt sehen! Es ist schön, ihn einfach in seine blau-weiß-karrierte Decke einwickeln und vor mich hinlegen zu können. So könnte ich mein Kind stundenlang beobachten. Mein kleines Wunderbaby! Wie zart er ist, die kleinen Finger haben sogar schon Nägel. Alles sieht so zerbrechlich aus.

Manchmal weint Amos ganz kurz. Unmittelbar bevor er aufhört, wackelt er ganz eigen mit der Unterlippe, das sieht so richtig vornehm aus! Dann kann man ihn nur knuddeln!

Das Stillen scheint gut zu klappen, Amos trinkt ganz ausdauernd und geduldig, obwohl der Erfolg noch mäßig ist. Manchmal trinkt er nur 5 Gramm, die ihm aber zu genügen scheinen.

Da wir hier im Ort keine Verwandten haben und unsere Freunde alle in einen stressigen Arbeitstag eingebunden sind, habe ich eigentlich gar nicht mit Besuch gerechnet. Wie überrascht war ich doch, als die Tür aufging und bekannte Gesichter erschienen! Am Nachmittag kamen 3 Freunde, um den Neuling zu bestaunen. Ich habe mich ehrlich gefreut, aber es hat mich auch angestrengt. Ich war hinterher richtig k.o. vom vielen Erzählen und Zuhören.

Seit der Geburt habe ich irgendwie Probleme beim Konzentrieren. Auch die anderen Muttis im Zimmer bestätigen mir diese Erfahrung. Es ist, als ob wir unser Gedächtnis im Kreißsaal abgegeben hätten. Plötzlich lebt man nur noch für's Kind und dessen Bedürfnisse, der Kopf ist völlig abgeschaltet. Mitten in der Unterhaltung weiß man nicht mehr, was man eben gesagt und gehört hat. Das ist richtig erschreckend! Ich hoffe bloß, dass sich das wieder normalisiert! *(Ja, es wird wieder!)* Meine Zimmergenossin Silke und ich haben schon deswegen 'rumgealbert. So passierte es zum Beispiel, dass Silke sagte, dass sie mal eben telefonieren gehen muss und ich auf ihr Kind aufpassen soll. Weil wir zufällig denselben Gynäkologen haben, wollte sie in seiner Praxis anrufen und von den beiden Babys berichten. Als sie wiederkam, sagte sie, dass sie mich grüßen soll. Und ich antwortete: »Von wem?« Hilfe! Wir mussten lachen, weil so etwas am laufenden Band passierte.

Abends kamen ganz viele Anrufe. Neben meinem Bett klingelte das Telefon gewissermaßen ununterbrochen. Ich bin gar nicht richtig zum Stillen gekommen, weil es eben nicht still war und weil ich kaum die nötige Ruhe hatte, Amos anzulegen, zu streicheln und festzuhalten. Jede Unruhe der Mutter überträgt sich aufs Kind. Aber was sollte ich denn machen? Teilweise habe ich das Telefon einfach klingeln lassen, dann aber packte mich doch die Neugier und ich habe versucht, mit einer Hand zu telefonieren und mit der anderen Hand Amos zu stützen. Das war nichts Halbes und nichts Ganzes. Ich fühlte mich unwohl bei diesem Kompromiss, obwohl ich mich so riesig freute, wie viele Leute an mich dachten und so schnell meine Telefonnummer ‘rausbekommen hatten. Die Nachricht von Amos hatte sich wie ein Lauffeuer ausgebreitet. Von überall meldeten sich Familienangehörige, Freunde und Kollegen. Es war schön, von ihnen allen zu hören und Glückwünsche entgegenzunehmen, aber es war auch Stress! Ich kam nicht mal auf die Toilette, ohne dass das Telefon nicht mindestens 10 mal geklingelt hatte. Erst gegen 22.00 Uhr kehrte Ruhe ein. Ich war total erschöpft, brachte Amos ins Kinderzimmer und versuchte zu schlafen. Aber mir gingen noch so viele Gedanken durch den Kopf …

Mir wurde klar, dass die Ankunft des Babys tatsächlich von zwei Seiten betrachtet werden muss: Die übergroße Freude, aber auch ein ganzes Stück Entbehrung und Kraft. Dieses Wechselspiel würde von nun an unser Begleiter sein. Natürlich war mir das von vornherein bewusst, aber nur wie durch einen Schleier verständlich. Was tatsächlich alles an Veränderungen durch eine Geburt im Leben einer Mutter eintritt, kann man erst schrittweise erleben, um es tatsächlich zu verstehen. Das kann man sich auch nur begrenzt anlesen oder von anderen sagen lassen.Wichtig ist aber, dass man sich wirklich intensiv darauf vorbereitet, damit rechnet und alle Veränderungen und Belastungen positiv sehen will, um nicht daran zu zerbrechen. Das betrifft aus meiner Sicht besonders das Problem des Schlafentzuges, aber auch die neue Rolle, in die jede Mutter und Nur-Hausfrau schlüpfen muss.

Die Telefonate heute waren ja ein harmloser Vorgeschmack auf alle kommenden Zwiespälte. Trotzdem durfte ich schon mal erproben, wie der Widerspruch zwischen dem ungeteilten Muttersein (= Das Kind geht vor! Erst Stillen, und wenn das Kind schläft, ist Zeit für andere! Was aber, wenn das Kind nicht schläft und noch nicht fertig gestillt ist und trotzdem das Telefon klingelt und Besuch kommt?) und Weiterleben in der gewohnten Weise zu lösen ist. Wenn mein Mann im Zimmer war, ließ sich das alles gut beherrschen. Entweder hat er die Anrufe entgegengenommen oder er hat Amos auf dem Arm gehabt. Arbeitsteilung ist alles!

Ach ja, meine Mutti erzählte mir noch neben vielen anderen Dingen, dass meine Eltern gestern mit einer Flasche Sekt bewaffnet zu meinen Schwiegereltern gefahren sind und ihnen die Nachricht vom Enkelkind überbracht haben. Bei denen ist nämlich ausgerechnet jetzt das Telefon kaputt. Dort gab es also großes »Hallo!« und ein richtiges Familientreffen. Naja, wie mir hinterher aus verlässlichen Quellen berichtet wurde, führte unsere Namenswahl zu einigen Verwirrungen oder vielleicht sogar Enttäuschungen, aber dafür hat »Amos« auch für Diskussionsstoff gesorgt. Meine arme Schwiegermutter hatte – glaube ich – heimlich mit einem Mädchen gerechnet, nachdem es in dieser Familie einen extremen Jungenüberhang gibt. Da muss sie eben noch weiter warten. Hihi!

Mai 29

Irgendwann nach Mitternacht, ich hatte wohl gerade zwei Stündchen geschlafen, brachte mir eine Kinderkrankenschwester meinen hungrigen Sohn. Es war nun das erste Mal, dass ich meinen Nachtschlaf unterbrechen musste und etwa eine Stunde mit dem Stillen beschäftigt war. Am Morgen konnte ich vor Müdigkeit kaum aus den Augen sehen, denn ich hatte insgesamt nicht mehr als 4 Stunden schlafen können. Aller Anfang ist schwer …

Der erste Film mit Amos-Bildern ist entwickelt. Ekkehard brachte die Fotos mit in die Klinik, und wir haben sie gemeinsam angesehen. Dann haben wir noch schnell zwei Briefe für die Großeltern mit einigen Bildern fertig gemacht, damit sie ihr fernes Enkelkind wenigstens auf diese Weise bewundern können.

Auch heute war Besuch da. Eine Freundin kam und war sehr begeistert von unserem Schatz, mit ihr habe ich über 2 Stunden verbracht. Amos war in der Zeit sehr unruhig, denn er wollte trinken. Ich habe versucht, ihn auf dem Arm zu trösten, aber das genügte nicht. Zum Stillen so vor Fremden war ich noch zu unsicher und zu verkrampft, doch meinen Besuch wegschicken wollte ich auch nicht. Es war so lieb, vorbeizukommen … Mir fiel ein, wie ich meine Freundin Uta zwei Tage nach der Geburt besucht und bestimmt auch über eine Stunde mit Fragen gelöchert habe. Ob sie sich genauso gefühlt hat wie ich jetzt? Mir wurde klar, dass man eine junge Mutter mit so liebgemeintem Besuch tatsächlich überfordern kann. Bei solchen Besuchen sollte man sich lieber an die alte Weisheit: »In der Kürze liegt die Würze« halten und wirklich nur eine ganz kurze Stippvisite machen. Vielleicht gilt das nicht immer und es gibt möglicherweise ewig schlafende Kinder und sehr ausgeruhte Mütter, da ist Besuch vielleicht sogar gut gegen einen langweiligen Krankenhausalltag. Ich kann mir das nicht vorstellen, aber das mag es wohl geben ... Auf alle Fälle scheint eine große Portion Fingerspitzengefühl auf Seiten des Besuches oder auch ein energisches, ehrliches Machtwort der Mutter angebracht, dem Baby zuliebe!

Nachdem ich dann also endlich mein Baby an die Brust legen konnte, kam prompt das Mittagessen. Das stellte ich aber getrost zur Seite, das konnte warten. Mein Hunger hielt sich noch in Grenzen. Kaum 5 Minuten hatte Amos Zeit, da öffnete sich die Tür, und hereinspazierten zwei fröhliche Kinder aus meiner 1. Klasse. Ich war so erstaunt, dass ich ihnen laut entgegengejubelt habe. Davon ist Amos aus seiner »Trinkstille« erwacht und war auch nicht mehr zu beruhigen. Er wurde immer quengeliger. Weiterstillen ging nicht, und das war mir auch vor meinen Schülern peinlich. Oh man, was sollte ich tun? Natürlich war ich gerührt, dass eine Mutter sich die zwei Kinder direkt nach dem Unterricht geschnappt hat und zu mir gefahren ist. Ich fühlte mich sehr geehrt und war happy! Aber ich hatte eben auch ein sehr schlechtes Gewissen meinem Sohn gegenüber. Wir schwatzten eine ganze Weile, ich ließ mir aus der Schule erzählen, packte die lieben Geschenke der Kids aus und war fassungslos, wie sie das alles am ersten Tag nach dem langen Pfingstwochenende hinbekommen hatten. Wieso sind eigentlich alle Leute so nett zu mir? Ich kann es nicht begreifen! Ich hätte aber nie gedacht, dass mich meine kleinen Mäuse so sehr anstrengen können … Ich war wohl noch zu schlapp, hätte am liebsten mein Mittagessen zu mir genommen und geschlafen. Ich wollte sie aber auch nicht nach zwei Sekunden wieder wegschicken, welch schrecklichen Eindruck hätten sie von ihrer Lehrerin bekommen und mit in die Schule genommen? Also haben wir uns den Amos gemeinsam angesehen, jeder durfte das »Päckchen« mal halten. Nach einer ganzen Zeit habe ich dann endlich den Mut gehabt, meinem Sohn zuliebe den Besuch freundlich »rauszustecken«. Ich kann nur hoffen, dass mir das keiner übelgenommen hat! Ich hätte nie gedacht, dass mich Besuch so lahmlegen könnte! Ich war fix und alle, wollte nur noch Ekkehard sehen und meine Ruhe haben. Als dann abends das Telefon klingelte, habe ich nicht mehr den Hörer abgenommen. Die Anrufer mögen mir verzeihen, aber es war mir einfach alles zu viel!!

Mein armer, ebenfalls müder, kaputter Ehemann (er arbeitet zuviel!) musste dann schon recht schnell gehen, weil er über Nacht auf Dienstreise nach Berlin fahren musste. Wir würden uns also zwei Tage nicht sehen. Das fehlte mir noch! Er hatte auch noch neben seiner beruflichen Arbeit den Haushalt zu schwingen und die Geburtsanzeigen zu vervollständigen. Ich hatte Angst, dass er in diesem Stress zusammenbricht, während ich doch mehr oder weniger nichtstuend im Bett lag. – Wenn ich doch erst wieder zu Hause wäre und wir alles gemeinsam bewältigen könnten …

Mai
30

Amos hat viel geweint. Vielleicht hat er Bauchschmerzen. Eine Schwester hat Amos auf eine Wärmflasche gelegt. Das hat ihm gut getan. So fand er zu einem tiefen Schlaf – über vier Stunden, was ihm sonst tagsüber nicht gelang. Insgesamt ist er ziemlich unruhig. Gestern hat er noch so sehr geweint und sich nicht beruhigen lassen, bis er regelrecht heiser geworden ist. Seitdem kann er auch nicht mehr so niedlich mit der Unterlippe wackeln. Schade, das war so süß, und ich wusste, dass Amos unmittelbar nach dieser Show aufhören und schlafen würde.

Ich fühle mich ziemlich rat- und hilflos, wenn Amos weint. Eigentlich habe ich regelrechte Angst vor der Zeit zu Hause, wenn wir allein mit allem klarkommen müssen. Außerdem habe ich den Eindruck, dass Amos besonders viel weint. Zumindest ist er hier der Lauteste. Ich wage mich gar nicht mehr zu später Stunde mit meinem Kind über den Flur zu laufen, weil er garantiert losheult und alle friedlich schlafenden Mütter und Babys weckt. Wieso sind die anderen so schläfrig und ruhig?

Eine Schwester zeigte mir heute, wie ich Amos' Bauchschmerzen erleichtern kann. Sie legte ihn auf ihren Unterarm, sein Gesicht zeigte nach vorn zur Hand, die Beine zum Ellenbogen. Das ist die Löwentrage, und Amos sah auch wirklich wie ein kleines, hilfloses Löwenbaby aus. Niedlich, verheult und winzig.

Den ganzen Tag über habe ich versucht, meine Nachsorge-Hebamme zu erreichen. Ich habe ihr schließlich auf den Anrufbeantworter gesprochen, dass unser Kind da ist und dass sie sich bei mir melden soll, damit ich mich auf ihren Besuch einrichten kann. In mir steigt Panik auf, wenn ich daran denke, dass sie mich vergessen haben könnte und ich zu Hause ganz ohne fachliche Hilfe auskommen muss. Ob ich mir noch schnell eine andere Hebamme zur Nachsorge suchen soll? Hoffentlich klappt alles!

Beim Stillen habe ich – wie fast alle anderen Frauen – teilweise große Probleme. Das Ansaugen tut wahnsinnig weh, da heißt es erst mal »Luft anhalten und Zähne zusammenbeißen«, danach geht's. Nach dem Trinken reibe ich die Brust mit viel Johanniskrautöl ein, das kühlt und lindert den Schmerz bis zum nächsten Mal.

Eine Bettnachbarin hatte heute ihre Abschlussvisite und bat die Ärztin um Abstilltabletten. Diese hat die Augen verdreht und versucht, sie davon zu überzeugen, dass Stillen das Beste für das Baby ist. Doch die junge Mutter meinte: »Das tue ich mir doch nicht an! Fläschchen sind doch viel bequemer, da kann auch nachts der Vater mal aufstehen und ich kann weiterschlafen!« Ich finde das ziemlich dumm, denn Stillen ist insgesamt bequemer, weil man nicht ständig Flaschen auskochen, Milch kochen, auf die richtige Temperatur abkühlen lassen und dann überall mit hinschleppen muss. Außerdem ist Stillen auch billiger, kuschliger und äußerst wichtig für jede wachsende Mutter-Kind-Beziehung. Zudem begünstigt das Stillen die Gebärmutterrückbildung und Normalisierung des Hormonhaushaltes. Dieses Zusammenspiel von Schwangerschaft, Geburt und Wochenbett entspricht doch einer wunderbar sinnvollen Schöpfungsordnung, in die nicht einfach so und ohne negative Folgen eingegriffen werden kann.

Eigentlich ist es auch inzwischen allgemein bekannt, dass man dem Kind nichts Besseres als Muttermilch geben kann. Keine künstliche Milch ist so ideal zusammengestellt. Auch beugt sie jedem Allergierisiko vor und bietet zudem eine wunderbare Kuschel- und Einschlafgelegenheit, verbindet Mutter und Kind, gibt Geborgenheit und hilft, einander kennen und fühlen zu lernen. Und überhaupt gibt es nichts, was den Körperkontakt zwischen Mutter und Kind so intensiv bewirkt. Es ist wunderschön, sich so zweisam genießen zu können! Körperkontakt fördert außerdem die Gehirnentwicklung, die Sinne, das Gefühl … des Kindes. Welche wissende Mutter sollte darauf verzichten wollen? Okay, am Anfang muss man sich durch die Schmerzen »durchbeißen«, aber das ist doch insgesamt das kleinere Übel neben all den Vorzügen.

Heultage und Bammel vor der Zeit zu Hause

Mai 31

In der Nacht wurde Amos wieder so gegen 2.00 Uhr zu mir gebracht. Die Schwester meinte: »Ihr Sohn kommt von Mallorca!« Ich kam ja aus tiefstem Schlaf, war ganz durcheinander und wusste gar nicht, was sie meint. Auf meine Frage hin erzählte sie mir, dass Amos unter der Wärmelampe geschlafen hat; das war für ihn mit seinen Bauchschmerzen sehr angenehm.

Das Frühstück haben wir nicht mehr wie am Anfang jeder für sich am Bett 'reingeschlungen. Inzwischen sind wir 8 Frauen eine richtig nette Clique geworden und haben die Tische in der Besucherecke zusammengeschoben und in aller Ruhe und Gemütlichkeit gegessen und geschwatzt. Jeder hat tausendmal seine Geburtserlebnisse zum Besten gegeben. War echt nett. Doch in der besten Stimmung kam heute die Stationsschwester dazwischen und verkündete unfreundlich, wir sollten gefälligst auf unsere Zimmer gehen, es sei gleich Chefarztvisite.

Ich wollte die Chefarztvisite nicht verpassen, weil ich dachte, die sei wichtig für meine Abschlussuntersuchung. Nicht dass ich die verpasse und erst am Montag entlassen werde! Also habe ich schnell mein Geschirr weggeräumt und mich brav ins Zimmer gesetzt. Doch es kam und kam niemand. Mir ist richtig mulmig geworden. Als ich dann doch mal nachsehen wollte, wo sich denn der Herr Professor mit seinem Gefolge befindet, musste ich feststellen, dass die große Chefarztvisite bereits vorbei war. Offensichtlich hatten sie unser Zimmer vergessen. Mir ist übel geworden und ich merkte, wie in mir die Tränen hochstiegen. Ich wollte doch nach Hause! (Dass es gar keinen Zusammenhang zwischen Chefarztvisite und Entlassung gab, wusste ich in diesem Moment nicht.)

Also habe ich mich auf den Weg zum Stationsarztzimmer gemacht und gesagt, dass bei mir noch keine Visite war. Da stand plötzlich der unsympathische Arzt vor mir, mit dem hier offenbar jede Patientin eine unschöne Begegnung hatte, grinste mich hämisch an und sagte: »Kann schon sein, dass wir in Ihrem Zimmer waren, doch da ist niemand gewesen.« In mir stieg das Wasser hoch … Kleinlaut sagte ich noch, dass ich doch morgen entlassen werden möchte. Da merkte er wohl, dass ich mich ernsthaft schlecht fühlte, und bemühte sich, wirklich freundlich zu sein, klärte mich darüber auf, dass eine Chefarztvisite nichts mit der Entlassungsuntersuchung zu tun hat. Woher sollte ich das denn wissen? Ich kam mir vor wie ein armes, kleines Kindergartenkind, das vor der Tür der Erzieherin steht und ganz schlimm ausgemeckert wird. Ich ging dann zurück und hab erst mal geheult. Ich kam mir so elend vor. Einen rationalen Grund gab es dafür freilich nicht. Ich wusste ja, dass einige Tage nach der Geburt die sogenannten Wochenbettdepressionen auftreten, wo man (frau!) völlig grundlos heulen muss. Das liegt an den Hormonen, die sich wieder auf ein »unschwangeres Dasein« einstellen müssen und in dieser Phase sämtliche Gefühle durcheinander bringen. Nun gut, dieses Wissen half mir, nach kurzer Zeit wieder klarzukommen.

Unser Freund Claus, Vater des zehn Tage älteren Philipp, rief heute an, um zum Baby zu gratulieren. Von ihm bekam ich den allerbesten Tipp, der mir je in Bezug auf unseren Neuling gegeben wurde. Er sagte: *»Richtet euch darauf ein, dass die ersten Tage total chaotisch werden!«*

Meine Erfahrung zeigt, wie schwer der Kampf gegen die rosa-roten Vorstellungen ist, wenn vor einer jungen Mutter ein überhaupt nicht schlafen wollendes, schreiendes, nicht zu tröstendes Baby liegt, auf das sie sich unendlich gefreut hat, das aber jetzt durch sein Schreien Gefühle der Angst und Ohnmächtigkeit oder Hilflosigkeit erzeugt.

Von meiner Nachsorge-Hebamme habe ich noch nichts gehört. Hoffentlich ist sie nicht verreist oder so, dann bin ich ganz schön aufgeschmissen oder muss mir jemanden anderes suchen. Bei ihr geht immer nur der Anrufbeantworter 'ran. Ich habe mich doch voll auf sie verlassen! Ich merke, wie ich mit den Tränen kämpfen muss bei dem Gedanken, allein gelassen zu werden. Diese blöden Wochenbettdepressionen ...!

Als ich abends im Bett lag und mir vorzustellen versuchte, wie das Leben ab morgen zu Hause sein würde, verlor ich den Boden unter den Füßen. Werde ich mit all den Anforderungen fertig? Was mache ich, wenn Amos ständig schreit? Ob ich erkenne, wenn Amos ernsthaft krank ist? Wie wird es weitergehen, wenn die eine Woche, in der Ekkehard Urlaub hat, vorbei ist? Schaffe ich es, Haushalt und Kind zu versorgen? Wird meine Naht richtig heilen? Wann werde ich wieder richtig fit sein? Wie komme ich mit dem arg reduzierten Schlaf zurecht? – Seit der Geburt habe ich noch nicht wieder so richtig tief geschlafen und auch nicht länger als 3 Stunden am Stück. Ich bin regelrecht übertourt, noch nicht einmal richtig zur Ruhe gekommen. Alles ist so aufregend und neu. Ich möchte mich tief entspannen können und bin doch so angespannt durch hunderte Gedanken, Gefühle und meine neuen Aufgaben.

Werde ich Amos so gut stillen können, dass er satt wird? Bisher hat er immer nur 5-40 Gramm getrunken. Das muss bald mehr werden. Was gebe ich ihm, wenn er trotzdem Hunger hat? – Das Einzige, was da hilft, ist doch, dass ich ihn immer öfter anlegen muss, denn sobald die Brust merkt, dass mehr Milch benötigt wird, produziert sie auch mehr. Eine phantastische Einrichtung! Der Bedarf regelt die Produktion!

So bin ich dann doch irgendwann zum Schlafen gekommen, zumindest für eine kurze Zeit bis zu dem Moment, als Amos gebracht wurde.

Amos kommt nach Hause und ist völlig durcheinander

Als ich am Morgen liebevoll von meinem hungrigen Kind geweckt wurde, wusste ich, dass sich mit diesem Tag so einiges verändern würde. Es ging endlich nach Hause! Ich freute mich riesig auf meine gewohnte Umgebung, die nun mit noch mehr Leben gefüllt sein würde.

Ich versuchte mir vorzustellen wie das alles sein wird. Dabei hatte ich schon Bammel, denn sobald wir die sichere Klinikumgebung verlassen werden, wird alle Verantwortung ganz und gar auf uns liegen. Hier konnte ich mit allen Fragen zu den Schwestern gehen und bekam immer einen guten Tipp. Aber zu Hause sind wir ganz allein auf uns gestellt. Wenn das nur alles gut geht! Als kleiner Trost blieb mir die Nachsorge-Hebamme, die ja bis zum 10. Tag nach der Entbindung zu mir kommen wird. Bis dahin gewinne ich hoffentlich mehr Sicherheit im Umgang mit dem kleinen Bündelchen! Hoffentlich hat sie aber auch meine Nachricht erhalten. Wieso meldet sie sich nicht? Ich nahm mir vor, mich nicht mit Wenn und Aber zu verunsichern, sondern einfach alles auf mich zukommen zu lassen.

Gegen 10.30 Uhr kam der Papa, um uns abzuholen. Er hatte den kleinen MaxiCosi-Autokindersitz dabei, denn wir wollten mit dem Taxi nach Hause fahren. Es regnete in Strömen!

Zum ersten Mal in seinem Leben bekam Amos eigene Kleidung an und sah gleich noch viel niedlicher aus.

Ich sagte noch allen »Tschüss« und dann begann die Reise in die Welt. Bisher kannte Amos nur die Wöchnerinnenstation, das war seine Welt, und die war ja schon riesengroß im Gegensatz zur kleinen Höhle in Mamas Bauch. Nun wurde die Welt noch riesiger, unbegreiflicher, unendlicher. Amos erwarteten so viele neue Dinge. Er hatte die Augen ganz weit auf, vom Schlafen hielt er nichts. So sürmten unzählige Reize auf ihn ein und brachten ihn ganz durcheinander. Der arme Matz fühlte sich elend!

Schon die Fahrt mit dem Fahrstuhl war für ihn schlimm. Er schrie und ließ sich nicht beruhigen. Noch mehr weinte er dann im Taxi, für ihn muss das alles wahnsinnig anstrengend gewesen sein. Ich versuchte zwar, die Sicht aus dem Seitenfenster zu verdecken und Amos zu streicheln, doch er weinte und weinte. So ein ganz kleines bisschen konnte ich mich in ihn hineinversetzen, denn ich kam mir auch vor wie in einer neuen Welt. Die mir eigentlich bekannten Straßen kamen mir fremd vor. Es war, als käme ich von einem anderen Stern nach Jahren auf die Erde zurück.

Endlich zu Hause, hofften wir Amos beruhigen zu können. Er war fix und fertig! Ich dachte, wenn ich ihn gleich stille, wird er sich besser fühlen und erschöpft einschlafen. Beim Trinken hatte er zum Glück keine Gelegenheit zum Weiterschreien, was auch für uns einige Minuten dringend notwendiger Ruhe bedeutete. Ekkehard legte uns zur Begrüßung eine CD von Gerhard Schöne ein, wir hörten uns ein wunderschönes Lied an, das so viele unserer Gedanken und Wünsche wiedergab:

Nahe unter Mutters Herzen
schwebt er leicht, der kleine Träumer.
Bald beginnt die schwere Reise,
bald betritt er den Planeten.
Jetzt muss er sich vorbereiten,
das heißt, muss wachsen, schlafen,
das heißt, muss sich bewegen
und dann auf die Landung warten.

> *Hast du das Signal vernommen?*
> *Kleines Wesen, sei willkommen,*
> *sei willkommen hier auf Erden,*
> *du sollst werden glücklich.*

Wo wirst du die Welt betreten,
wird man dich auf Kissen betten,
schläfst du in Kartons aus Pappe
zugedeckt mit einer Zeitung?
Wie wird man dich hier empfangen –
mit dem Bandmaß und der Waage,
mit Umarmungen und Küssen,
wird man lachen oder fluchen?

> *Hast du das Signal vernommen?*
> *Kleines Wesen, sei willkommen,*
> *sei willkommen hier auf Erden,*
> *du sollst werden glücklich!*

Wirst du eine Nummer kriegen
oder einen Kosenamen?
Wirst du Hungerschreie hören
oder Schlager aus dem Radio?

Werden sie dich lieben, achten,
oder woll'n sie dich dressieren,
wirst du stehlen lernen müssen
oder Schokolade essen?

Hast du das Signal vernommen?
Kleines Wesen, sei willkommen!
sei willkommen hier auf Erden,
du sollst werden glücklich!

Wirst du einst umjubelt werden
oder lebst du unbeachtet?
Bist du eingeplant für's Schlachtfeld
oder wirst du selbst befehlen?
Wirst du aufsteh'n gegen Unrecht
oder wirst du schweigend dulden?
Werden sie dich wachsen lassen
zu dem Menschen, der du sein willst?

Hast du das Signal vernommen?
Kleines Wesen, sei willkommen!
sei willkommen hier auf Erden,
du sollst werden glücklich!

Ich selbst musste, seit dem wir die Wohnung betreten hatten, nur heulen. Die »Heultage« waren offenbar noch nicht überstanden. Mich umgaben tausend sentimentale Gedanken: Nun haben wir ein eigenes Kind. Hier, in dieser Wohnung, hatte ich den größten Teil der Wehen verarbeitet und nun kann ich meinen Schatz in den Armen halten. Jetzt beginnt ein ganz neues Leben. Wird Amos sich bei uns wohlfühlen? Mein Mann hat alles so wunderbar vorbereitet und uns einen schönen

Empfang geboten. Wie lieb er ist! Einen besseren Ehemann und Vater konnte es nicht geben! –

Ekkehard hatte auf unserem Esstisch ganz viele Geschenke, Briefe, Blumen, die vielen Werbeartikel aus der Klinik und zwei Sektgläser aufgebaut. Alles war so liebevoll zurechtgemacht! Er holte eine Flasche Sekt aus dem Kühlschrank, und wir feierten den Beginn unseres neuen, gemeinsamen Abschnittes. Sekt soll ja angeblich – in geringen Maßen natürlich – die Milchbildung anregen und das Baby beruhigen und zum Schlafen bringen. Letzteres hat nicht geklappt. Selbst wenn Amos mal aus Versehen eingeschlafen war, meldete er sich nach wenigen Minuten wieder.

Zum Glück war auch Post von der Nachsorge-Hebamme da. Sie hatte in einem dicken Brief verschiedene Informationen über Zustand und Pflege von Mutter und Kind geschrieben. Diese las ich mir in Ruhe durch, versuchte einiges zu beherzigen. Außerdem teilte sie mir mit, dass sie am kommenden Montag zu mir kommen werde. Uff! Zwei Tage noch, bis ich wieder mal jemanden um Rat fragen kann … Ich hatte damit gerechnet, dass die Betreuung sofort nach der Entlassung beginnt, da nun aber Wochenende ist, müssen wir uns noch zwei Tage gedulden.

Völlig unerwartet entdeckte ich noch eine Überraschung: Ich erspähte auf dem Tisch ein winzig kleines Kästchen. Oh – was ist das denn? Vorsichtig öffnete ich den Deckel und sah, wie mir eine wunderschöne Kette entgegenfunkelte. Ich war fassungslos vor Freude und fiel meinem Mann um den Hals. Na, dieser Papa muss ja sehr stolz auf seine Familie sein!

Ansonsten verlief der Nachmittag wie im Trance. Alles war so fremd: das ständig schreiende Baby, das wir zu beruhigen versuchten; meine häufigen, grundlosen Tränenausbrüche (Ekkehard ließ mich zum Glück gewähren, sagte und fragte nichts, das war genau richtig. Ich hatte ihn schon während der Schwangerschaft auf diese möglichen Gefühlsschwankungen vorbereitet, von denen ich aus Berichten anderer wusste). Meine noch immer schmerzende Riss- und Nahtwunde versuchte ich mit einem Kamillensitzbad zu heilen. Ekkehard trug inzwischen den Kleinen hin und her. Das schien Amos zu gefallen.

Wir räumten noch die Küche um, denn hier sollte der Wickelplatz sein, da wir weder ein Kinderzimmer noch ein großes Badezimmer hatten. Die Babysachen waren ja alle fertig vorbereitet. Baden konnten wir Amos noch nicht, der Nabel war noch nicht vollständig abgeheilt. Doch Waschen und Wickeln hat mich viel Überwindung gekostet, weil ich Angst hatte, dem kleinen, zerbrechlichen Würmchen wehzutun. Aber hier musste ich durch. Es gab keinen, der es besser machen konnte, ich bin die Mami!

Die Nacht wurde chaotisch. Amos schlief so gut wie gar nicht und auch nie länger als eine Stunde am Stück. Wir trugen ihn durch die Wohnung, sangen Abendlieder, ich gab ihm zu trinken ... Sobald Amos in den Stubenwagen gelegt wurde, schrie er wie am Spieß. Da Ekkehard wenigstens ein bisschen Schlaf haben sollte, stand ich immer auf, wenn sich Amos meldete, und ging mit ihm in das dem Schlafzimmer am weitesten abgewandte Zimmer, ins Arbeitszimmer, und versuchte ihn dort wieder zur Ruhe zu bringen.

Inzwischen weiß ich, dass genau dieses Hin- und Herlaufen falsch ist, um ein Baby zu beruhigen. Zugegeben, diese Methode wirkt zunächst erfolgreich, aber eben nicht anhaltend. Durch den ständigen Standortwechsel, die immer neu auftauchenden Bilder bzw. Hell- und Dunkeleindrücke, verursacht man nur immer mehr Unruhe im Kind. Es ist besser, an einem Punkt zu bleiben, das Kind festzuhalten und mit möglichst wenigen monotonen Bewegungen zu beruhigen.

Dass ein Baby so konsequent schreien kann, hatte ich nicht geahnt

Amos ist noch immer wie überdreht. Ihm scheint es sehr schwer zu fallen, sich einzuleben. Wir wollten es ihm so leicht wie möglich machen, indem er uns immer in seiner Nähe wusste. Was können wir ihm mehr geben als unsere Nähe, Liebe und Gebet?

Unsere Nerven sind am Ende! Das war nun der dritte Tag ohne richtigen Schlaf. Es scheint, als ob Amos gar keinen Rhythmus finden kann.

Als ich letzte Nacht (die Nacht begann 24.00 Uhr und endete 5.00 Uhr nach x Unterbrechungen natürlich!) von einem Schreikonzert geweckt wurde, fiel mir ein, dass ich in einer Familienzeitschrift den Bericht einer Mutter gelesen hatte, die offenbar auch so ein Schreikind hatte. Sie schrieb einen schlimmen Gedanken nieder: «Ich hatte fürchterliche Angst vor dem Kindstod, aber ich dachte, wenn mein Kind jetzt tot wäre, könnte ich wenigstens wieder einmal schlafen.« Oh, ich fand diesen Gedanken so schrecklich! Und doch muss ich zugeben, dass ich die Frau verstehen konnte. Was die Mutter eines schreienden Kindes nach mehreren schlaflosen Nächten durchmacht, kann von Außenstehenden nicht verstanden werden!

Mein geliebtes Kind, ich wünsche dir um alles in der Welt bestes Gedeihen und Gesundheit, aber bitte lass mich an deinem Schreien nicht verzweifeln!

Die Hebamme war heute da. Ich hatte mich so auf ihren Besuch gefreut und vor allem gehofft, dass sie uns Tipps geben kann, was wir gegen das Schreien tun können bzw. wie wir Amos zum Schlafen bringen können. Doch sie war irgendwie seltsam und hat überhaupt nicht gemerkt, wie fertig ich bin und wie sehr ich auf ihre Hilfe gehofft habe. Sie meinte nur, dass es halt Schreikinder gibt und dass wir selbst probieren müssen, was Amos beruhigt.

Ihr einziger Hinweis war der, dass ich Amos nach Bedarf stillen soll, also fast pausenlos. Na, das mache ich doch sowieso! Wer stillt, stillt in der Regel nach dem Bedarf des Kindes, weil sich auch nur so die Milch in den benötigten Mengen bilden kann. Das ist logisch. Aber Amos schreit trotzdem pausenlos. Woher weiß ich denn, ob er aus Hunger oder einem anderen Grund schreit? Inzwischen ist das Stillen zu einem regelrechten Martyrium für mich geworden. Meine linke Brust ist blutig gebissen, und auch auf der rechten Seite macht das Stillen nicht gerade Spaß. Bei der derzeitigen Hitze von über 30°C hat Amos natürlich viel Durst …

Ich selbst trinke ebenfalls viel, vor allem Milchbildungstee (Gemisch aus Fenchel, Kümmel, Anis, Brennessel), den es fertig in der Apotheke gibt. Das ist unbedingt erforderlich, um genug Milchvorrat zu bekommen, aber auch um Kreislaufproblemen vorzubeugen. Ekkehard ist lieb, er versorgt mich immer direkt beim Stillen mit Getränken.

Und wie fühle ich mich? Ich stehe neben mir und fühle mich wie ein Hamster im Laufrad, ständig in Bewegung. Rund um die Uhr ist Amos zu stillen, zu wickeln, zu baden oder im Arm zu halten. So schön das eigentlich ist – nur auf die Dauer strengt das unsagbar an!

Bisher fand jeden Montag in unserer Wohnung ein Hausbibelkreis statt. Heute ist wieder Montag, der erste nach Amos' Geburt. Sollen wir den anderen absagen oder Amos feiern? Ich freue mich auf den Besuch, habe aber gleichzeitig ein ungutes Gefühl in mir, weil ich ahne, dass Amos den Abend »überschreien« wird.

Bis zum Erscheinen unserer Freunde am Abend war es für uns nicht einmal zu schaffen, etwas Richtiges zu essen. Wir haben uns nur um Amos gedreht und gehofft, ihn zur Ruhe zu bringen. Danach wollten wir uns um uns kümmern. Sinnlos. (Wer diese Situation nicht selbst kennt, glaubt das wahrscheinlich nicht …)

Nathalie brachte uns »Windsalbe« mit, als erfahrene Mutter hatte sie wohl geahnt, dass wir die brauchen könnten. »Windsalbe« hilft gegen Blähungen, unter denen Amos möglicherweise litt. Dafür sind Jungen besonders anfällig. Wenn er die berühmten Dreimonatskoliken hat und nun noch 11 Wochen in dem Tempo weiterschreit, breche ich zusammen! Nun, wir massierten die Salbe um den Bauchnabel. Amos schrie weiter. Ich versuchte, Amos mit Fencheltee zu helfen. Den sog er literweise in sich hinein – und schrie weiter!

Keine Spur von harmonischem Zusammensein oder guten Gesprächen! Ekkehard und ich hatten eigentlich gar keinen Sinn für Besuch, aber der Hauskreis war natürlich sehr an unserem süßen Amos interessiert. Süß war er ja wirklich, aber warum musste er dauernd schreien? Wir spendierten noch eine Flasche »Söhnlein-brillant«-Sekt (die wir gleich in »Söhnlein brülland« umbenannten), obwohl uns bei dem tagelangen Nervenkitzel und Schlafentzug der Sinn überhaupt nicht nach Feiern stand.

Es war, als sei ein Traum zerplatzt. Hatte ich es mir doch so idyllisch vorgestellt, ein friedliches Baby im Arm halten zu können oder in der Wiege zu wissen … so wie man sich das eben vorstellt, dass Eltern ihr Baby genießen können.

Ich hatte mir vorgenommen, den Moment der Geburt genau eine Woche später noch einmal in Erinnerung zu rufen und so in Gedanken noch einmal zu erleben. Doch ich habe den Moment verpasst, weil Amos Stunde um Stunde durchschreit. – Noch bis weit nach 3.00 Uhr dauerte unser »Tag« und fand kein Ende im Schreien und Schreien … Schade, ich komme wohl überhaupt nicht zum Genießen, Durchdenken und Durchfühlen unserer neuen Situation, weil ich nur damit beschäftigt bin, Amos zu stillen und zu trösten.

Der Fehler, von anderen mehr als von mir selbst zu erwarten

Die langen Stillphasen sind kräftezehrend. Vor allem nachts könnte ich die Wand hochgehen, wenn Amos erst ewig trinkt (meist über eine Stunde!) und dann nicht einschlafen will. Da guckt er sich mit seinen großen Löwen-Baby-Augen die Welt an, während mir die Augen zufallen. Und dann weint er ganz schlimm. Stundenlang. Mir bleibt in solchen Momenten nichts anderes übrig, als ihn zu tragen, sonst würde er das ganze Haus zusammenschreien. Wenn so gegen 4.00 Uhr das Tageslicht beginnt und die ersten Leute auf der Straße zu sehen sind, werde ich richtig neidisch bei der Vorstellung, dass die anderen gewiss einige Stunden Schlaf hinter sich haben. Da beginnt also ein Tag, ohne dass es für mich auch nur ein bisschen erholsame Nacht gegeben hat …

Ich habe gelesen, dass Babys schon nach wenigen Wochen Tag und Nacht unterscheiden können, und hoffe, auch Amos kommt schnell dahinter. Um Amos diesen Tag-Nacht-Rhythmus zu zeigen, habe ich bewusst in der Nacht auf Worte, Licht und Windelwechsel (letzteres nur bei dringender Notwendigkeit) verzichtet. Ich denke, das ist auf jeden Fall der richtige Weg, um ihm die Andersartigkeit und Ruhe der Nacht zu vermitteln.

Meine Kräfte lassen merklich nach, um nicht zu sagen, dass ich seit der Geburt noch gar nicht wieder zu Kräften gekommen bin. Wenn ich mich so gegen Mitternacht völlig übermüdet ins Bett lege, schlafe ich sofort ein, aber spätestens nach zwei Stunden wecke ich von

Amos' typischen Geräuschen auf. Er muss nicht mal schreien, seine Atmung verändert sich so deutlich, dass ich sofort neben ihm stehe und mich mit Amos ins Wohnzimmer schleiche, bevor er laut aufschreit, Amos stille und dann so lange trage, bis er wieder eingeschlafen ist. So kann wenigstens der Papa noch ein bisschen schlafen.

Heute Nachmittag waren wir kurz spazieren und sind bei unseren Geburtskursfreunden Ute, Claus und Philipp vorbeigegangen. Die haben ähnlichen Stress wie wir, wir verstanden uns auf den ersten, müden Blick und haben uns zu einem Treffen verabredet, sobald es uns allen besser geht.

Auch beim Spazierengehen hat Amos im Wagen gebrüllt. Das war uns so peinlich!

Juni
1

Wenn Amos so unschuldig und lieb in meinen Armen liegt und schläft, kann ich ihm nichts mehr übelnehmen. Im Gegenteil, ich komme mir vor wie eine egoistische Rabenmutter, die nur an ihren eigenen Schlaf denkt und, wenn der nicht zustande kommt, böse auf das Kind ist. Dabei will unser Kind doch nur meine Nähe und Geborgenheit spüren … Ich heule wieder, drücke und küsse mein Kind, sage ihm, wie leid es mir tut, dass ich so einen Groll auf sein Nichtschlafenkönnen habe, versichere ihm, dass ich ihn liebe.

Vielleicht ist es dieser kleine Mensch, der mich liebevoller, anpassungsfähiger und geduldiger machen wird? Ich wünschte mir mehr von diesen Eigenschaften!

Juni 14

Ich komme gar nicht öfter zum Tagebuchschreiben, weil Amos mich rund um die Uhr beansprucht. Er schreit praktisch ohne Pause, außer beim Stillen, weil er dann seinen Mund zum Glück anderweitig nutzt.

Die Nächte aber sind besser geworden. Wenn Amos gegen Mitternacht letztmalig gestillt und dann in sein Bettchen gelegt wird, schläft er so etwa 3 Stunden (letzte Nacht sogar mal 5 1/2 Stunden!) am Stück, wird gestillt, ja und dann klappt es auch manchmal, dass er beim Stillen wieder einschläft und ich ihn zurücklegen kann. Dann stehe ich immer neben ihm und hoffe, dass er bitte weiterschläft und nicht gleich wieder aufwacht und ich auch noch ein bisschen Ruhe bekomme. Wenn ich mich dann ganz leise auf dem Bettrand fallen lasse, liegt eine riesige Spannung im Raum: Schläft Amos – oder muss ich wieder aufstehen und auf unbestimmte Zeit um seinen Schlaf ringen?

Am Tag ist Amos mit nichts zu trösten. Er nimmt keinen Schnuller. Meistens weint er auch im Arm weiter, selbst nach dem Stillen, wo er doch zufrieden sein müsste! Dann schreit er aber so lange (2-3 Stunden), bis er wieder Hunger hat und alles von vorn beginnt.

Weil mir das nahezu pausenlose Schreien von Amos Sorgen macht, bin ich heute zur Kinderärztin gegangen. Ich wollte einfach die Sicherheit haben, dass ihm nichts Organisches fehlt. Also habe ich mir gestern noch einen Termin geholt. Als ich gefragt wurde, welche Zeit für mich am günstigsten ist, wusste ich gar nicht, was ich antworten sollte, denn es gibt keine voraussehbaren »günstigen Zeiten«. So haben wir uns heute Morgen doch ziemlich sputen müssen, um mit Stillen und Wickeln, Anziehen usw. fertig zu werden und uns auf den Weg zu machen. Nachdem wir es dann endlich geschafft hatten, das Haus zu verlassen, fiel mir plötzlich ein, dass ich selbst noch gar nicht gefrühstückt hatte. Das heißt, ich war mir nicht sicher: Hatte ich eigentlich schon gefrühstückt oder nur Amos? Nach längerem intensiven Nachdenken und Rekonstruieren kam ich zur Einsicht, dass ich vor lauter Amos-Umsorgen mich vergessen hatte, und kaufte mir auf dem Weg zum Kinderarzt erstmal ein Brötchen in der nächsten Bäckerei …

Wenn mir früher jemand so eine Story erzählt hätte, wäre meine Reaktion sicher die gewesen, dass ich die Geschichte entweder nicht geglaubt oder gedacht hätte, die Mutter soll mal nicht so tun, als ob das bisschen »Kindbetreuen« so stressig ist. Man wird eben erst einsichtig, wenn man es am eigenen Leibe erfährt, und so möchte ich meine derzeitige Situation als Bereicherung verstehen, als Chance, mit anderen mitfühlen zu können. Das ist ja wohl auch so ein Geheimnis des Lebens, dass wir nur dann gute Zuhörer und Wegbegleiter werden können, wenn wir selbst anstrengende Phasen gemeistert haben. Also: Augen zu und durch!

Die Kinderärztin war sehr nett, hat Amos gründlich untersucht und seine beste Gesundheit festgestellt. Mir fiel natürlich ein Stein vom Herzen! Zu Amos meinte sie: »Na, du kleiner Tyrann, du darfst deine Mami aber nicht so ärgern!« Das war alles. Mein ganzes Fragen nach möglichen Gründen oder Hilfen bezüglich seines Schreiens blieb unbeantwortet. Ich war also wieder allein gelassen mit diesem Schreien: Ich weiß nicht, ob und von wem ich überhaupt Hilfe erwarten kann …

Ich war froh, zu hören, dass er gesund ist, doch damit war mein Problem nicht gelöst. Was konnte ich denn gegen dieses ununterbrochene Schreien tun? Irgendetwas stimmt doch nicht! Ich weiß nicht, warum mich keiner, weder die Kinderärztin noch die Hebamme, noch sonst jemand unterstützt. Alle tun so, als ob Schreien total normal wäre. Aber doch nicht in diesem Umfang! Schließlich ist es die Sprache des Babys und bedeutet irgendeine Not! Und ein Baby, das auch auf dem Arm der Mutti weiterschreit, hat eine Not! Daran kann doch keiner vorbeisehen und sagen: »Das ist halt so!«

Meine Eltern waren ein paar Tage zu Besuch bei uns und haben vieles im Haushalt aufarbeiten können, worüber ich froh und dankbar bin. Auch sie haben sich viel Mühe gegeben, Amos zu beruhigen, und sind wohl ein bisschen enttäuscht, dass Amos so chaotisch ist …

Wie phantastisch muss es sein, wenn Kinder von sich aus nur alle 4 Stunden aufwachen, etwas trinken und dann weiterschlafen. Bei Amos ist überhaupt nichts planbar. Jeder Tag verläuft anders. Ich will ja auch gar nicht nach den Sternen greifen und von einem festen Schlaf-Still-Rhythmus träumen, wäre aber überglücklich, wenn Amos überhaupt etwas mehr schlafen würde! Innerhalb von 24 Stunden kommt er wohl kaum auf mehr als 12 Stunden Schlaf. Und der ist tagsüber in derart kurze Phasen (zwischen 5 und 20 Minuten) aufgeteilt, dass ich bezweifle, ob Amos überhaupt richtig zum Erholen kommt. Ganz zu schweigen von meinen Bedürfnissen, denn ich kann in diesen kurzen Phasen weder schlafen noch eine Arbeit tun.

Juni 15

Heute waren wir zum ersten Mal mit Amos in meiner Schule, zum Schulfest. Ich hatte mich so sehr auf diesen Tag gefreut und mir in den schönsten Farben ausgemalt, wie es sein wird, wenn ich mein Kind erstmals vorstellen kann. Pustekuchen, ich fand unseren Auftritt reichlich peinlich!

Als wir kamen, saßen alle Schüler mit ihren Eltern und Geschwistern, der Verein, der Freundeskreis, die Lehrer auf dem Schulhof und verfolgten das Programm. Kaum wollten wir uns leise und unauffällig dazusetzen, veranstaltete Amos ein schreckliches Gebrüll! Wie auf Kommando drehten sich alle um. Die Kinder riefen: »Der Amos ist da« und stürmten auf den Kinderwagen zu. Das Programm konnte man nun vergessen, und ich wäre am liebsten in den Erdboden verschwunden.

Statt dessen wurde ich gebeten, Amos allen von vorn zu zeigen. Er bekam auch noch Beifall für seinen Heulbeitrag! In mir grummelte es. Ich hatte Groll auf mein Schreikind. Andererseits empfand ich unendliche Dankbarkeit für dieses niedliche, gesunde Bündel. Es ist gar nicht so einfach, mit diesen parallel aufkommenden Gefühlen umzugehen: einerseits habe ich definitiv das Glück auf meiner Seite, andererseits liegen die Nerven vom Dauergeschrei so blank …

Anschließend verzog ich mich mit ihm in ein einsames Zimmer und versuchte ihn durch Stillen zu beruhigen oder vielleicht sogar zum Einschlafen zu bringen. Sinnlos! Es klappte weder das eine noch das andere. Ekkehard bot sich dann an, mit Amos spazieren zu gehen. Er sagte hinterher, dass Amos fast eine Stunde im Wagen weitergeschrien hat … Ich glaube, man muss sich überall mit ihm schämen. Am besten, ich gehe mit ihm nirgends mehr hin, um nicht überall negativ aufzufallen.

Wir verließen das Fest noch vor dem Ende, weil Amos nicht zu bändigen war. In der S-Bahn schrie er weiter und ebenfalls ununterbrochen zu Hause bis 0.30 Uhr! Wir sind am Ende aller Kraft! Ich bin oft selbst am Weinen, es ist einfach frustrierend, dass Amos nicht zu beruhigen ist … außer natürlich durch das Stillen … Aber mir tut die Brust vom vielen Anlegen so sehr weh, dass dieses Stillen keine Freude, sondern eine Qual ist. Wenn sich Amos ansaugt, könnte ich schreien, er wird von Mal zu Mal derber beim Trinken. Ich bin echt verzweifelt, weil ich kaum etwas Gutes, Schönes, Aufbauendes finde … Das soll der Traum vom Baby sein?

In mir stieg wieder dieses Gefühl hoch, wie auf einer einsamen Insel zu stehen, auf der es nur mich und mein nicht zu bändigendes Baby zu geben schien. So konnte es unmöglich weitergehn. Im Moment bin ich allerdings viel zu abgeschlappt und viel zu phantasielos, um irgendeine Lösung für uns alle zu finden. Aber ich musste auch erkennen, dass kein anderer, weder die erfahrenen Ärzte und Hebammen noch die Verwandten und Freunde, wirkliche Hilfe bieten konnte. Und so wurde mir ein bekannter Vers aus der Bibel zum einzigen Lichtblick:

»Alle eure Sorgen werft auf ihn, er wird's wohl machen!«

Das ist mir zum realen Erlebnis und Trost geworden. Schon oft hatte ich bisher erlebt, dass Gott in entscheidenden Situationen tröstet und eingreift. Von daher bin ich wirklich dankbar, dass ich uns beide, meinen Sohn und mich, in Gottes Hand wusste. Keine Situation ist für den Heiland unheilbar. Ohne dieses Wissen wäre ich vielleicht verzweifelt und hätte einen ganz tiefen Riss in der Beziehung zu meinem Kind bekommen. Statt dessen aber hat ein Zueinander- und Miteinanderwachsen begonnen, und Gott hat mich mit einem tiefen Frieden beschenkt, durch den ich mich in ihm geborgen wusste – und daher nicht mehr den Druck hatte, die Situation allein machtvoll verbessern zu müssen.

Sicher hätte Jesus von einer Sekunde zur anderen aus meinem Schreikind ein friedlich schlafendes, zurückhaltendes Kind machen können. So war es aber nicht, und ich bin mir sicher, dass das gewiss irgendeinen guten Grund hat. Gott weiß viele Möglichkeiten, Gebete zu erhören und in unser Leben einzugreifen. Ich genieße es neu, mich in seiner Hand geborgen zu wissen!

Kleine Lichtblicke bei schlechtem Wetter

Es regnet, und endlich ist die große Hitze vorbei. Das Wetter schlägt sich auch in Amos' Verhalten nieder. Wie durch ein Wunder schläft Amos schon den ganzen Vormittag. In der Nacht wollte er zwar von 3.00 Uhr bis 7.00 Uhr wach bleiben, was mich schon wieder trüb stimmte, aber die anschließende Ruhe hat mich für alles entschädigt.

Der Zustand meines Haushalts ist beängstigend. Da ich Amos immer auf dem Arm habe, kann ich weder kochen, bügeln, noch putzen. Überall liest man, dass diese Dinge auch getrost in den Hintergrund treten dürfen, sobald ein Baby da ist, aber keiner der Ratgeber sagt, wie die Mutter mit den dabei entstehenden Schuldgefühlen umgehen soll bzw. wie sich der Haushalt von allein erledigt! Sobald Amos schläft, stehe ich vor der großen Entscheidung: Selbst schlafen oder die dringendsten Arbeiten erledigen? Meistens entschied ich mich trotz aller Müdigkeit für Letzteres. So hatte ich wenigstens die Freude, bis zum Abend den Abwasch geschafft zu haben (Ja, man wird bescheiden! Und mehr war bei Amos' Fünfminutenschläfchen tatsächlich nicht zu schaffen). Außerdem kam es mir so schrecklich vor, wenn mein Mann am Abend von der Arbeit nach Hause kam und dann noch das Frühstücksgeschirr 'rumstehen sah. Vor einigen Monaten noch hätte ich die Nase gerümpft, wenn mir jemand erzählt hätte, dass man durch das Kind nicht mal zwei Teller spülen kann. Nun erlebe ich es aber ganz real! Und trotzdem ist es mir stets ein Rätsel, wie ich die Zeit mit »Nichtstun« verbringen konnte. Die Uhr rennt nur so davon. Eine Stunde stillen, dann wickeln und tragen, tragen, tragen. Und: da capo!

Zum Essen komme ich kaum. Ich ernähre mich derzeit von Müsliriegeln und Äpfeln, denn sobald ich mir ein Brot schmiere, muss ich Amos ja weglegen, und schon schreit er. In mir taucht natürlich unweigerlich die Frage auf, ob ich Amos verwöhne, doch die verwerfe ich gleich im Ansatz, weil eins ganz klar ist: Kinder kann man mit Nähe nicht verwöhnen, wohl aber trösten und stärken! So ein Baby schreit doch nicht, um die Eltern zu tyrannisieren! Warum schreit Amos eigentlich? Verlassensängste? Langeweile? Blähungen? Hunger?

Auf alle Fälle ist es für ein Kind am besten, ganz nahe bei seiner Mama zu sein. Egal, ob es ein Schreikind oder ein »Bilderbuchbaby« ist. Der Körperkontakt (Wärme, Bewegung, Stimme, Geruch, Atmung, Gefühl der Mutter) ist eine wichtige Grundlage, damit sich das Urvertrauen entwickeln kann. Am Körper muss sich das Kleine ja auch besonders sicher und geborgen fühlen, denn es hat ja sozusagen »auf der anderen Seite der Haut« seine ersten Lebensmonate in Sicherheit zugebracht. Dieses »Festhalten« gehört zu den Grunderlebnissen, die ein Kind im Elternhaus haben muss. Selbst bei größeren Kindern hat »Festhalten« eine therapeutische Wirkung. Aus diesem Wissen heraus oder auch ganz instinktiv habe ich mich dafür entschieden, Amos so oft wie nur möglich auf den Arm zu nehmen. Im Grunde genommen holen sich Schreikinder genau das, was für jedes Baby lebensnotwendig ist: Körperkontakt zur Mami. Sie »sagen« eben, was sie brauchen.

Vielleicht ist es ja nur Zufall, doch heute schläft Amos, und das genieße ich! Ich nutze die Zeit für's Tagebuch. Vorhin habe ich die vielen Glückwunschkarten über Amos' Bettchen gehängt und bin sooo begeistert davon, mal wieder etwas Sichtbares geschaffen zu haben! Auch die Dankesbriefe für all die Geschenke und Briefe zur Geburt will ich schnell noch erledigen. Schließlich bin ich schon seit drei Wochen zu nichts mehr gekommen. – Ich genieße meinen Freiraum und bin sooo happy über jede erledigte Arbeit! Schon gestern zeichnete sich eine Besserung ab. Es gelang Amos nämlich das erste Mal, in seinem Bett allein mit dem Schreien aufzuhören, während ich am Telefon war. Und es war ein wahrer Segen, dass er schlief, als Ekkehard nach Hause kam. Die Stimmung war gleich viel besser! Wir hatten einen (lange vermissten!) ruhigen Abend, mussten Amos sogar zum Stillen wecken (weil meine Brust fast platzte – schließlich war sie auf Amos' Dauerbedarf eingestellt …).

Eine Mutter aus dem Babypflegekurs rief mich heute an. Ich erzählte ihr von meinem Schreikind und dass ich auf der Suche nach einem fachmännischen Rat bin. Sie gab mir die Telefonnummer ihrer Hebamme. Ich rief sie sofort an, erzählte, dass Amos so viel schreit und so wenig schläft. Ich war richtig erleichtert, dass ich ihr das alles so erzählen konnte, und fühlte mich von ihr verstanden und gut beraten. Sie meinte, dass Amos mit ziemlicher Sicherheit an den sogenannten Dreimonatskoliken leide. Nun weiß ich wenigstens, dass es sinnvoll ist, Amos mit Kümmelöl und Windsalbe einzureiben. Allein dieses Wissen gibt mir Halt, ist es doch die erste klare Aussage, die mir jemand gab.

Ich hoffe einfach, dass es bald aufwärts geht, dass wir unser Baby genießen und uns an ihm erfreuen können, dass wir seine Sorgen erkennen und ihm helfen können und nicht ständig entnervt sind, wenn er schreit – sondern das Richtige für ihn tun!

Ratlosigkeit

Juni 22

Bekannte haben uns ein Buch mit dem äußerst bösartigen Titel: »Wie ich meinen Eltern den letzten Nerv raubte« geschickt. Es beschreibt aus Sicht des Kindes den Alltag in einer Familie mit einem Neugeborenen und soll wohl witzig sein, ist jedoch tödlich für Eltern mit einem Schreikind, weil man da regelrecht suggeriert bekommt, dass das Baby ein böser Tyrann ist, der pausenlos überlegt, wie er seine Eltern fertig machen kann. Wie gewissenlos doch manche Literatur unters Volk gestreut wird! Kann sich der

Autor nicht denken, welche Gefühle sein Buch bei Betroffenen auslöst? Statt darüber lachen zu können, wird eine dicke Wand aufgebaut, denn man ist zu schnell dabei, aus dem vermeintlichen Spaß entdecken zu wollen, dass das süße Baby wirklich nur Böses im Sinn hat. Das Buch flog im hohen Bogen fort! Ich nahm mir dann Amos auf den Schoß, habe versucht, in sein verheultes Gesicht zu sehen und ihm zu sagen, dass ich ihn liebe und dass wir zusammenhalten müssen!

Gestern sind meine Schwiegereltern gekommen. Leider fanden sie uns nicht gerade in der besten Stimmung vor, denn Amos hatte uns wieder über alle Kräfte strapaziert. Beim Stillen hat mich Amos mit seinen noch nicht vorhandenen Zähnen sehr »gebissen«. Ich konnte meine ganze Verzweiflung nur 'rausweinen. Ekkehard hat nach dem nicht auffindbaren Schuldigen unserer Situation gesucht, dann haben wir uns noch wegen irgendeiner Lapalie gestritten. Beide waren wir tief enttäuscht und verletzt.

Genau in diesem Moment klingelten Ekkehards Eltern. Wir konnten (und wollten auch gar nicht) unsere Laune verheimlichen, hofften auf Mitleid oder Hilfe oder was weiß ich. Auf jeden Fall waren wir am Boden. Zur Begrüßung sagte Ekkehard an der Tür, dass wir Amos ins Heim geben werden, und drückte das Bündel seiner Mutter in die Arme. Sie hat gleich mitgeheult, der Vater hat versucht, diplomatisch zu sein, Fragen zu stellen. – Irgendwie hat sich nach einiger Zeit doch noch alles normalisieren können. Ins Heim wollten wir Amos im tiefsten Herzen bestimmt nicht geben, aber wir waren so k.o.! Amos war uns fremd, und eigentlich habe ich seit der Geburt keinen größeren Wunsch, als mein Kind so richtig ins Herz schließen und innig und ohne Vorbehalte lieben zu können. Doch wieder einmal wurde mir bewusst, welche Mauer das nervige Schreien zwischen uns aufbaut …

Meine Schwiegereltern hatten das fertige Mittagessen mitgebracht, das nur noch aufgewärmt werden musste. Das war eine gute Idee, denn ich fühlte mich überhaupt nicht in Kochstimmung. In manchen Gegenden gibt es den Brauch, dass man Familien mit einem Neugeborenen mit einer warmen Mahlzeit beschenkt. Das ist genial, weil die Eltern in der Zeit wirklich nicht dazukommen, sich etwas Gutes zu kochen, obwohl eine sättigende Mahlzeit in diesem Stress so wichtig ist.

Bevor ich mit Amos spazieren ging, fand ich im Briefkasten Post von meiner Freundin Uta. Den Brief nahm ich gleich mit und las ihn auf einer Bank im Park. Ich war gerade in der Stimmung, vor allem ausreißen zu wollen. Wohin, weiß ich natürlich nicht, es war nur alles so deprimierend. Ich kam mir vor wie in einem tiefen Loch, konnte mich selbst nicht mehr leiden, war unzufrieden, matt und kraftlos. Zudem hatte ich Schuldgefühle, weil ich mich wie ein Trauerkloß benahm, statt froh und dankbar für unser gesundes Wunschbaby zu sein.

Da stand er nun neben mir, der Wagen mit dem geliebten Kind, das endlich, endlich, nach langem Kampf eingeschlafen war, sicherlich nur für wenige Minuten. Dieses Kind hatte aus mir einen ganz anderen Menschen gemacht. Ich erkannte mich nicht wieder, merkte, wie unzufrieden ich mit dem war, das ich zur Zeit leisten konnte, nämlich null komma nichts. Ich war weit weg von dem Gedanken, dass mein Tagewerk anerkennenswert ist, denn ein Ergebnis war nicht zu sehen, und trotzdem bin ich ständig ausgelaugt wie nach einer Schwerstarbeit.

Der Brief machte mir Mut, ich war gerührt von so viel lieben Worten, konnte mich dann nicht mehr gegen einen Tränenausbruch wehren, der letztlich sehr befreiend wirkte. Uta schrieb, dass ich nicht an den unschönen Tagen verzweifeln soll. Es sind alles Phasen, die guten und die schlechten wechseln einander ab. Im Moment kann es also nur besser werden. Dann schrieb sie noch, dass ihr Johannes (6 Monate alt) neuerdings mittags Brei bekommt, was gar nicht so toll sei, »weil nun die Kacke stinkt« Hey! Wie gern würde ich Amos aus einer ganz fürchterlich stinkenden Windel befreien, wenn er dafür mit seinem entsetzlichen Schreien aufhören würde!

Als ich so auf meiner Parkbank saß, kam ich mir so einsam und verlassen vor, dass ich am liebsten im Selbstmitleid zerflossen wäre. Ich verstand die Welt nicht mehr, sehnte mich nach meiner Familie und den Freunden in Chemnitz. Hier in der Stadt haben unsere Freunde und Bekannten andere Probleme und vor allem kaum Zeit. Mein Mann kommt erst spät von der Arbeit zurück, und ich muss sehen, wie ich allein mit der neuen Situation fertig werde. Wie schön muss das früher gewesen sein, als die Großfamilien beieinander waren …

Amos ist einen Monat alt

Juni 27

Wir waren heute in meiner Schule. Amos hat es doch tatsächlich geschafft, 5 Stunden am Stück zu schlafen! Das war einfach hervorragend! Nach dieser »Sondervorstellung« glaubt mir natürlich keiner mehr, wie anstrengend mein sonst kaum schlafendes Baby ist … Vielleicht wird Amos mal ein guter Schauspieler, der gut weiß, wie er sich in der Öffentlichkeit zu zeigen hat!

Doch am Abend hatte er wieder ganz schlimme Blähungen. Er tut mir so leid, wenn er vor Schmerzen die Beine anzieht und alles zusammenkrampft. Dann weint er ganz dicke Kullertränen. Wir haben ihn wieder stundenlang rund um den Wohnzimmertisch getragen, den Bauch mit Windsalbe eingerieben und Tropfen gegeben.

Ich denke, wir lernen uns allmählich besser kennen. Heute hat Amos versucht, zu lachen, seinen Kopf hält er recht sicher, und er beginnt zu greifen. Er hat sich seine Spieluhr-Schildkröte aus 10 cm Entfernung herangezogen und war dann ganz erschrocken, als sie ihn an die Nase stupste!

Juli 1

Heute hat sich unser »Schreiproblem« in einem ganz anderen Licht gezeigt. Mich rief die Mutter eines Schülers an und wollte wissen, wie es uns so geht und was Amos macht. Ich habe mich sehr über diesen Anruf gefreut und dachte gleich, ich erzähle ihr alle meine Sorgen rund ums Schreien und Nichtschlafenwollen meines Sohnes, denn von ihr kann ich bestimmt gute Tipps bekommen (sie hat selbst 7

Kinder). Doch statt mir zu sagen: »Du musst mal das und das probieren ...«, wie ich es erwartet hatte, meinte sie, nachdem mein Bericht über Amos' Verhalten beendet war: »Da musst du aber sehr stark sein, wenn Jesus dir so ein Kind anvertraut!« Uff! Ich wusste überhaupt nichts dazu zu sagen, musste aber den ganzen Tag hindurch über diesen Satz nachdenken. Ich und stark? Ich finde mich schwach und elend, und das erst recht im Angesicht meines brüllenden Löwen. Im Moment kann ich noch gar nicht überblicken, welche tiefere Bedeutung hinter dem Satz steckt, aber bestimmt komme ich eines Tages dahinter. – Stark sein? Stark werden? Mir fällt das Bild eines Baumes ein, dessen Wurzeln durch steinigen Erdboden hindurch festen Halt finden. Sein Wachsen ist sicher nicht leicht, aber er steht stabil. Anders bei einer Pflanze im losen Sand, deren Wurzeln leicht gewachsen, aber kaum verankert sind. Der Wind wird sie schnell zerstören. Dort, wo Gott tiefes, standfestes Wachstum schenkt, nutzt er eher unbequeme Situationen. Wer da an seiner Hand weitergeht, findet prägenden Halt.

Stillgruppe

Juli 2

Amos und ich haben heute eine Stillgruppe besucht. Für mich war es total wichtig zu hören, dass auch andere Kinder viel schreien. Das nimmt mir den Druck, etwas falsch zu machen oder ein un-normales Kind zu haben. Ich dachte ja auch bisher, dass der »Urzustand« des Babys der ist, dass es schläft und dass erst mit dem Älterwerden längere Wachzeiten zwischen den Schlafphasen kommen. Weit gefehlt ... Viele Kinder müssen erst einmal das Schlafen lernen.

Heute fühlte ich mich zum ersten Mal richtig gut betreut und innerlich aufgebaut, seitdem Amos da ist. Dorothee, die Stillberaterin, hat betont, dass man generell nichts mit einem Neugeborenen falsch machen kann, solange ihm Liebe, Zeit und Muttermilch gegeben wird. Sie gab mir auch sonst viele gute Tipps.

Ich erzählte Dorothee von meinem Zwiespalt, Amos ständig auf dem Arm zu haben, ihn aber nicht verwöhnen zu wollen. Sie sagte, ich soll Amos ruhig tragen, sooft er will und ich kann. Man kann Kinder in dem Alter noch nicht verwöhnen, sie suchen nur die für sie lebensnotwendige Nähe. Ein Kind, das getragen wird, Körperwärme, Geruch und Liebe der Mutter spürt, fühlt sich so geborgen wie im Bauch. Das ist einleuchtend. Aber auch anstrengend. Ich habe gelesen, dass ein lange getragenes Kind später mehr Mut hat, sich von der Mutter zu lösen – ganz entgegen der landläufigen Meinung, man müsse ein Kind beizeiten von der Mutter trennen, damit es sich besser daran gewöhnt, nicht immer unter ihrem Schutz zu sein.

Oft ist zu hören, dass das ständig getragene Kind doch nur verwöhnt würde, dass es nie lernt, sich von der Mutter zu lösen oder einfach abzuwarten, bis es »dran« ist. Ein Kind, das bei jedem »Piep« hochgenommen würde, müsse sich zu einem egoistischen Mittelpunktsstreber entwickeln! Vor solchen unbrauchbaren, geradezu schädlichen »Ratschlägen« sollten junge Mütter geschützt werden!

Und sehr verunsichert hatte mich die Herangehensweise der Kinderärztin vor einiger Zeit, die meinte, ich solle mich nicht tyrannisieren lassen … Wie gut, dass ich nun an Dorothee geraten war!

Ich glaube, dass das Thema »Schreien« viel zu unsensibel behandelt und nicht als normales Kommunikationsmittel des Babys verstanden wird. Indem das Babygeschrei als nervig, störend, egoistisch usw. gewertet wird, ist auch kein natürlicher Umgang damit möglich. Schon allein die Nachbarn, die sich vorwurfsvoll über das weinende Baby äußern, zwingen eine Mutter dazu, ebenfalls negativ auf ihr Kind zu reagieren, anstelle es liebevoll in die Arme zu schließen und zu trösten. Wie oft haben wir Erwachsenen irgendein Bedürfnis wie Hunger, Müdigkeit, Stress, Langeweile, Unwohlsein usw. Würden wir jedesmal schreien, es wäre ein ohrenbetäubender Lärm auf der Welt! Stattdessen aber haben wir die Möglichkeit, unser Bedürfnis selbst oder mit Hilfe unserer Wort- und Zeichensprache zu stillen. Das Baby dagegen kann nur signalisieren, dass ihm etwas fehlt, also weint es, und diese doch sehr eindringliche Äußerung soll wohl ganz bewusst am Nerv der Erwachsenen rühren, damit die auch wirklich reagieren! Mir hilft dieser Gedanke zumindest, Amos ein bisschen besser zu verstehen.

Wichtig ist auch die Erkenntnis, mit Babys nicht so nach dem dogmatischen Motto »nie schreien lassen – immer schreien lassen« zu verfahren, sondern das zu tun, was in diesem konkreten Moment für beide, Mutter und Kind, am besten ist. Wer das Schreien einfach nicht mehr ertragen kann und mal 5 Minuten in einem ruhigen Raum die Augen schließen und Kraft schöpfen muss, braucht sich keine Gewissensbisse zu machen. Diese kurze Pause dient zum Auftanken und hat nichts damit zu tun, sich vor den Nöten des Schreikindes zu verschließen! Drängt aber das Mitleid, die Sehnsucht, die Liebe zum Kind und hat man das Gefühl, ihm und sich selbst durch Tragen zu helfen, dann hat man ja auch die nötige Kraft und Ruhe, das Schreien auszuhalten, und kann sich und das Kind mit Nähe beschenken.

Die Verfechter der »Schreien-lassen!-Riege« gehen scheinbar einzig und allein davon aus, dass Babys schreien, um Aufmerksamkeit zu erhaschen und um die Eltern zu nerven. Dabei erreicht man nachweislich (ich hab's irgendwo gelesen) nur Verbitterung im Kind. Es lernt beizeiten, mit Kummer allein fertig zu werden, und ist später kaum in der Lage, sich mit Sorgen an seine Eltern zu wenden. Das soll unserem Amos mal nicht so gehen!

Ich denke, es ist wirklich gut, von Situation zu Situation zu entscheiden. Bisher war ich der Meinung, dass ich eine Methode durchhalten müsste. Konsequenz ist der Erfolg in der Erziehung! Doch das ist nicht die Lösung für Babys in diesem Alter und schon gar nicht, wenn sie so anstrengend, kräftezehrend sind!

Ich denke, es muss ja irgendwann besser werden. Zur Zeit ist es hart für uns. Mich tröstet ein Satz von unserem Freund Jens: »Die Summe aller aufgewendeten Kräfte für ein Kind ist gleich.« Die einen fordern viel Kraft am Anfang, die anderen ständig ein bisschen, die dritten in der Pubertät. Na, da haben wir aber schon viel weg und können auf gute Zeiten hoffen!

Mein Sohn versetzt mich ins Staunen! Er hat von 0.30 Uhr bis 11.00 Uhr geschlafen, und nur einmal, um 5.30 Uhr, wollte er trinken! Mir ist das ein Rätsel, aber ich bin so happy! Endlich konnte ich den meterhohen Bügelberg beseitigen und fühle mich heldenhaft!

Amos war heute ausgesprochen ruhig. Am Vormittag sind wir mit Philipp, dem 10 Tage älteren Kumpel, und dessen Mama Ute spazieren und Eis essen gegangen. Es war schön, gemeinsam durch die Gegend schlendern zu können, ruhige Kinder im Wagen zu genießen und vor allem miteinander reden zu können. Wir haben nämlich festgestellt, dass beide Kinder sehr wenig Schlaf brauchen. Allerdings scheint Amos doch eine gehörige Portion mehr zu schreien, während Philipp über längere Phasen hinweg einfach so in die Welt hinein blickt.

Zu Hause haben Amos und ich dann »geübt«, leise zu sein, wenn Papi kommt, weil der immer so traurig ist, dass Amos nur schreit, wenn er von der Arbeit kommt, genauso wie früh, wenn er geht … Es hat geklappt, und der Abend war angenehm. Die minutenweise Ruhe hat sehr entspannend gewirkt. Wir konnten ohne Geräuschkulisse essen und uns unterhalten. Himmlisch!

Amos beweist, dass er schlafen kann

Unser Sohn hat durchgeschlafen! Und zwar von 22.00 Uhr bis 7.30 Uhr. Wenn das nichts ist! Neuerdings reagiert er immer aufmerksamer auf unsere Blicke. Bei »Knopfdruck« auf seine Nase lacht er uns an. Wenn man ihm die Zunge herausstreckt, macht er das nach. Lustig, dieser Matz!

Am Nachmittag sind wir zum Nachtreffen unseres Geburtsvorbereitungskurses gegangen. Es war schön, alle »Ergebnisse« sehen zu können. Alle unsere Kinder sind richtig gut gelungen, gesund und munter – was will man mehr! Unter den 9 Babys sind nur 2 Mädchen, die Jungen sind total in der Überzahl. So ähnlich war schon das Verhältnis in der Geburtsnacht im Krankenhaus. Hilfe – hoffentlich gibt es auch mal wieder eine »Mädchensaison«, damit unsere Söhne später heiraten können!

Wir hatten uns natürlich eine Menge zu erzählen. Da wir alle in derselben Klinik entbunden haben, ergab sich ein Sammelsurium an Geschichten rund um das Klinikpersonal. Alle hatten die gleichen guten Erfahrungen mit den wunderbaren Hebammen gemacht und ebenfalls die gleichen Katastrophenerlebnisse mit einem bestimmten Gynäkologen. Seltsamerweise mussten überdurchschnittlich viele Babys per Kaiserschnitt geholt werden (immerhin 5!), was mich gleich noch einmal dankbar werden ließ für meine wunderbare Geburt.

Auch mit dem Stillen war ich sehr begnadet. Eine Mutter erzählte, dass sie mit ganz viel Mühe darum gerungen hat, ihren Sohn zu stillen, doch es ging kein Weg dahin. Er hat sich regelrecht verweigert und letztlich nur die Flasche angenommen. Ich merkte, wie traurig diese Mutter darüber war. Noch mehr tat sie mir leid, als ihr Sohn an diesem Nachmittag gefüttert werden musste. Da zogen die Eltern nämlich mit Kind und Flasche in eine unbeobachtete Ecke, während wir anderen fröhlich unsere Kinder in der großen Runde stillten. Sie fühlten sich unverschuldet ausgestoßen. Ich ging zu ihnen hin und versuchte, ein Gespräch anzufangen, doch sie blockten das Thema »Stillen« ab, vor allem die Mutter war regelrecht verletzt. Nie zuvor wäre ich auf die Idee gekommen, dass die Unfähigkeit zum Stillen (egal, ob's an Kind oder Mutter liegt) so viel Traurigkeit verursachen kann. Man muss wirklich sehr sensibel mit den Betroffenen umgehen, um die Enttäuschung nicht noch schlimmer zu machen. Ich kann dieser Mutter nur wünschen, dass sie bei einem zweiten Kind wesentlich bessere Erfahrungen macht!

Amos hat an diesem Nachmittag ein Meisterstück vollbracht. Ich hatte ja einige Leute am Telefon vorgewarnt, dass Amos so viel schreit und dass wir möglicherweise recht schnell wieder nach Hause gehen werden, falls unser Sohn keine Ruhe gibt. Doch nein, diesmal hat er uns anderweitig »blamiert«: Er schlief kurz vor der Tür ein, schlief, schlief, schlief. Nach vier Stunden(!!!) musste ich ihn wecken, weil er erstens überfällig zum Trinken war, und zweitens wollten wir endlich ein großes Gruppenfoto mit allen Kindern machen. – Tja, uns wollte nun keiner mehr glauben, dass wir so eine anstrengende Schreimöhre haben; nur Ute, die Amos auch schon von seiner anderen Seite erlebt hatte, versuchte, unsere Glaubwürdigkeit zu retten ... Nun, wir waren echt froh über diese plötzliche Wende und hofften, dass es von jetzt an bergauf ging.

Aber nein, unser kleiner Schauspieler belehrte uns schnell eines Besseren: Sobald wir am Abend das Treffen verlassen und die Tür hinter uns geschlossen hatten, brach Amos in sein übliches Gebrüll aus und stellte uns damit vor ein Rätsel. Er schrie und schrie. Auf dem langen Weg zur Straßenbahn begegneten uns viele »nette« Leute, die unheimlich kluge Reden schwingen konnten: »So tun sie doch etwas!«, »Nein, dieses arme Kind!«, »Solche Rabeneltern …!«, »Das Kind hat ja Hunger!«, »Meine Güte, das hört man ja, dass die Windeln voll sind!« Oh man, war das schrecklich! Wenn die alle wüssten, wie sich Eltern bei solchen Kommentaren fühlen, sie würden es vielleicht sein lassen. Nun hatten wir ja auf vorherigen Spaziergängen schon ähnliche Erfahrungen gemacht und hatten uns inzwischen einen »Schutzpanzer« zugelegt, der aber noch nicht dick genug war. Wir ließen uns also doch wieder aus der Ruhe bringen. –

Das einzige, was dann geholfen hat, war, Amos aus dem Wagen zu nehmen und in eine Decke eingerollt zu tragen. Welch ein Glück, dass unser Kind im Sommer geboren war! Was würden wir eigentlich im Winter tun? Auch die häufigen Stillpausen unterwegs auf Parkbänken waren ja nur in dieser Jahreszeit möglich, und das wusste ich sehr zu schätzen! Sonst hätte ich wohl auf manchen Ausflug verzichtet, wenn ich nicht genau gewusst hätte, dass ich im Notfall oder eben bei Bedarf Amos jederzeit verköstigen kann.

Also, wenn ich den Zeitpunkt für ein zweites Kind festlegen könnte, ich würde wieder Mai bis Juli wünschen! Auch nachts ist es so vorteilhaft, eine schön warme Wohnung zu haben. Ich kann ja bequem mit Amos aus dem Schlafzimmer gehen, um ihn zu stillen, da kann Ekkehard getrost weiterschlafen, wir müssen uns nicht erst durch tausend Stoffschichten arbeiten und können uns gemütlich im Sessel im Wohnzimmer platzieren. Das hat auch noch den Vorteil, dass ich das Licht von der Straße nutzen kann und nicht das grelle Zimmerlicht anschalten muss. So lernt Amos nämlich auch, zwischen Tag und Nacht zu unterscheiden. Ich habe von Anfang an nachts auf Licht und Worte verzichtet, um ihm den Tag-Nacht-Rhythmus beizubringen.

Als »Stillprofi« nach etwa 5 Monaten habe ich Amos in absoluter Dunkelheit zu mir ins Bett geholt und konnte ihn problemlos auch ohne Lichtschimmer an die Quelle führen! Dann wurde es auch kälter, und ich war froh, mit meinem Sohn im warmen Bett bleiben zu können.

Hoffentlich sind es »nur« die Dreimonatskoliken

Keine Besserung in Sicht! Die ganze Nacht hindurch ist Amos ca. alle 2 Stunden aufgewacht, am Tag verlangte er in denselben Abständen zu trinken, aber so riesig schien sein Durst gar nicht gewesen zu sein. Zwischendurch hat er kaum geschlafen, war total unruhig. Ich habe ihn praktisch 24 Stunden auf dem Arm. Mir tut nicht nur der Rücken weh, ich bin auch hundemüde und frustriert. Schließlich habe ich den ganzen Tag über nichts anderes gemacht als Amos getragen. Und dann gab es immer wieder die gescheiterten Versuche, Amos, nachdem er in meinen Armen eingeschlafen war, ins Bett zu legen ... Es klappt einfach nicht! Er brüllt und brüllt, und zwar ohrenbetäubend.

Ich setze meine ganze Hoffnung in den Gedanken, dass das Schreien tatsächlich nach dem ersten Vierteljahr aufhört. Es heißt, dass die Kinder mit Dreimonatskoliken schlagartig nach 12 Wochen wie verwandelt sind. Besonders Jungen sind von dieser Erscheinung betroffen. Der noch nicht vollständig ausgereifte Magen-Darm-Bereich braucht noch seine Zeit (eben diese 3 zusätzlichen Monate), bis die Nahrung schmerz- und blähungsfrei verdaut werden kann. Anders als andere Mütter, die vielleicht die erste Zeit mit ihren Babys festhalten wollen, erhoffe ich das Gegenteil und zähle schon lange die Wochen und Tage, bis diese Frist vorbei ist. Dann muss es doch besser werden!

Das wirklich pausenlose Umklammertsein oder Anschreienlassen zehrt immer mehr an meinen bescheidenen Kraftreserven. Ich heule mit dem Baby im Arm, weil ich eben feststelle, dass alles so kompliziert und nervig ist. Ich möchte so gern von ganzem Herzen Glück am Baby empfinden und mein süßes Kind genießen. Stattdessen kommt mir alles eher wie eine Belastung vor – ich kann ja nicht mal auf Toilette gehen, ohne dass Amos schrecklich meckert! Wäschewaschen geht zwar mit einer Hand, aber nicht das Aufhängen oder Bügeln. Und so wächst der Frust in mir mit jedem Meter, den ich Amos trage und dabei an der so nötigen Arbeit vorbeigehen muss. Wenigstens schreiben kann ich mit einer Hand ... Doch das ist wirklich eine wichtige Sache, denn alles, was ich schriftlich fixiere, wird in diesem Moment in mir »abgeschüttelt«.

Partnerschaft und Baby

Amos schreit und schreit. Da ist kein Tag, an dem wir ihn einfach mal so in sein Bett legen können. Etwa ab 19. 00 Uhr wird er (meist vom Papa) rings um den Wohnstubentisch getragen, bis sein Schreien aufhört und er etwa gegen Mitternacht eingeschlafen ins Bett gelegt werden kann. Amos' Kondition übersteigt unsere Kräfte um ein Vielfaches! Wenn wir Glück haben, schläft er dort drei, vier Stunden. Wenn er dann wach wird, trinkt er und muss wieder zwei Stunden (von mir) getragen werden, bis er erschöpft an mir einschläft. Trotz dieser elterlichen Abwechslung reicht die Erholung nicht aus. Unser Schlafdefizit zehrt an den Nerven. Das äußert sich auch darin, dass mein Mann sehr verschlossen geworden ist. Wir reden kaum noch normal miteinander. Unsere ganze Beziehung ist angespannt. Dabei hat doch der Papa nur einen Bruchteil vom mütterlichen Dauerstress zu ertragen! Schließlich erlebt er tagsüber eine interessante Welt, Ergebnisse, Ziele und Anerkennung für seine Arbeit, während die Mama ganz selbstverständlich ihrem »kleinen Chef« rund um die Uhr zu Diensten steht und abends trotzdem nicht weiß, wovon sie eigentlich so geschafft ist!

Dass die Beziehung zwischen Mann und Frau nach der Geburt eines Kindes erst einmal in den Hintergrund rückt, ja sogar eine Talfahrt erlebt, bis die ganze Familie einen Rhythmus und jeder seinen neuen Platz gefunden hat, ist bekannt. Und das ist auch logisch, schließlich gerät alles aus dem Gleichgewicht: Ein anderer Tagesablauf, Schlafdefizit, das bis zu einer Art Aggressivität führen kann, das ständige Ausrichten aller Dinge an den Bedürfnissen des Kleinen, die ganze Frage der Hormonumstellung usw. Doch gerade in dieser Phase ist die Mutter auf ihren Partner als Freund und Stütze angewiesen. Manchmal habe ich mir die Frage gestellt, ob Männer wirklich so mit Blindheit und Unkenntnis geschlagen sind, die es ihnen verwehrt, sich besonders einfühlend, nachgebend, aufbauend und hilfsbereit um die Frau zu kümmern. Für sie läuft doch zumindest von Montag bis Freitag das gewohnte Leben weiter, während die Mutter ihrer Kinder ein vollkommen neues Feld betreten hat. Das allein muss man (Mann!) sich bewusst machen und daraus die Bereitschaft ableiten, alle zur Verfügung stehende Kraft und Liebe in die Frau (und somit auch in das Kind!!!) zu investieren. Weil wahrscheinlich wirklich diese »männliche Blindheit« da ist, muss die Frau ihren Beitrag zur Aufklärung leisten und lernen, über sich, ihre Gefühle, Wünsche und Erwartungen zu sprechen.

Auch in diesem Punkt scheint es mir ungeheuer wichtig, dass sich beide Partner während der Schwangerschaft vorbereiten und überlegen, wie sie mit diesem Thema nach der Geburt umgehen. Dazu gehört, dass beide einander sagen, was sie voneinander erwarten. Es nützt nichts, einfach darauf zu warten, bis der andere den Wunsch von den Augen abliest! Das klappt dann nämlich kaum noch, weil beide so angespannt und müde sind, dass die Augen für die Bedürfnisse des Partners (fast) geschlossen sind. – Dann dreht sich wirklich alles nur noch um das Kind und darum, den Tag so gut wie möglich über die Runden zu bringen. Alles, was nicht vorher abgesprochen wurde, sodass man sich jetzt darauf besinnen und beziehen kann, ist unvergleichlich schwieriger anzusprechen und umzusetzen.

Es ist eine haltlose Hoffnung, »dass man schon irgendwie gut zurecht kommen wird«. Ich denke, vor allem Väter müssen darüber informiert werden, wie wichtig es ist, dass die Frau Anerkennung für ihren Job als Mutter bekommt. Sie müssen ihre Frauen ermutigen, über ihre Gedanken und Gefühle, die sich während des Tages angesammelt haben, zu sprechen. Nur so kann einer gewissen Enttäuschung und Verbitterung entgegengewirkt werden, die sich leicht einstellt, wenn es keine Gelegenheit zum Austausch und zum Auftanken gibt. Ich möchte sogar behaupten, dass der Mann zum größten Teil dafür verantwortlich ist, wie wohl sich die Frau in ihrer Mutterrolle fühlt und wie gut sie diese ausfüllt. – Doch beide müssen natürlich ganz bewusst gegen ein »Entzweien« ankämpfen wollen, das sich automatisch durch die Arbeitsteilung »Mann-Beruf« beziehungsweise »Frau-Kind & Haushalt« einzuschleichen droht. Beide leben in zwei völlig verschiedenen Welten, über die sie sich unbedingt einander mitteilen müssen, um gegenseitiges Verständnis aufbauen zu können.

Amos' erste große Reise

Heute hat Amos seine erste große Reise gemacht. Die achtstündige Zugfahrt zu unseren Eltern war angenehm, wir hatten Amos die ganze Zeit auf dem Arm, das Schaukeln hat ihn beruhigt.

Ich setze große Hoffnungen in diesen Urlaub. Sicher wird Amos die Luft im großelterlichen Garten wesentlich besser bekommen als die Großstadtluft. Vielleicht lernt er hier auch, im Kinderwagen zu schlafen. Sicherlich wird auch die Einsatzbereitschaft aller zur Verfügung stehenden Omas und Opas positiven Einfluss auf Amos haben. Außerdem hoffe ich, dass Ekkehard und ich ein bisschen Abstand gewinnen, wenn Amos von den anderen betreut wird …

Juli 22

… doch nein! Amos hat scheinbar noch mehr Kraft-Joker; er schläft nun auch nachts höchstens drei Stunden, nachdem wir fast 4 Stunden brauchen, um ihn müde zu kriegen. –

Besuch bei unseren Freunden Katrin und Jens. Sie hatten bei ihrem Sohn Jonas die Erfahrung gemacht, dass irgendeine Monotonie zum Einschlafen führt, also eine bestimmte Bewegung, ein Geräusch oder so. Haha! Katrin dachte vielleicht, dass ich nur nicht genug Geduld für Amos hätte. Pustekuchen! Sie hat vielleicht 2 Stunden lang versucht, Amos im Wagen zum Einschlafen zu bringen, indem sie immer noch gesagt hat: »Der Amos schläft gleich, der Amos schläft gleich, der Amos schläft gleich …!« Haha! Mein Sohn hat sich mit großen Augen die Welt angesehen, ab und zu gemeckert, aber nicht geschlafen. Ich muss ja gestehen, dass ich darüber sogar ein bisschen froh bin … Da sehen sie gleich mal, wie komliziert dieser Typ ist! Alle wundern sich nur, woher Amos diese Wahnsinns-Kondition nimmt. Und wir gehen fast am Stock!

Juli 23

Die Nacht war sehr kurz wie immer, Amos wollte alle 2 1/2 Stunden trinken. So sind wir auch gleich ganz früh, als es gerade hell wurde, in den Garten geschlichen und haben einen dicken Strauß Gänseblümchen für die Oma gepflückt, die heute

Geburtstag hat. Den Strauß sollte Amos überreichen, aber er hielt die Blümchen ganz fest in der Hand und wollte sie gar nicht hergeben. Erstaunlich, wieviel Kraft und Wille schon in ihm stecken!

Ansonsten war Amos den ganzen Tag über sehr weinerlich. Abends hat er so schlimm gebrüllt, dass alle Gäste gesagt haben, er muss auf alle Fälle zu einem Arzt, denn dieses Schreien klinge ja wirklich gefährlich. Selbst mein Schwiegervater, der eher vorsichtig mit solchen Äußerungen ist, hat in dieses «Volksbegehren« eingestimmt. Na, da sehen die schlauen Großeltern gleich mal, was wir seit 10 Wochen mitmachen und dass all die schlauen Ratschläge so nach dem Motto: »Stellt euch nicht so an, wir haben unseren Kindern früher auch das Schreien abgewöhnt!« unpassend sind!

Zum Arzt sind wir am nächsten Tag doch nicht gegangen, weil Amos eigentlich gesund aussieht und tagsüber auch nicht mehr pausenlos geschrien hat. Ab und zu hat er sogar gelacht. Über solche freundlichen Abwechslungen bin ich total glücklich!

2 Monate alt!

Juli 29

Peinlich! Amos hat den ganzen Vormittag über geschrien. Ich bin mit ihm in die Stadt gefahren und wollte Fotos wegbringen. Im Bus hat er geschrien, und alle Leute haben mich sehr strafend angesehen, ebenso im Fotogeschäft. Manchmal kommt in mir der Gedanke hoch, dass ich mich wohl am besten total zurückziehen und immer zu Hause bleiben sollte, solange Amos so peinliche Auftritte arrangiert. Das geht natürlich nicht. Und selbstverständlich will ich das eigentlich auch gar nicht!

Als ich doch recht geschafft vom Geschrei und den unausweichlichen, bösen Blicken im Bus wieder nach Hause kam, traf ich eine Bekannte, die ich seit Jahren aus den Augen verloren hatte. Sie hatte vor einem Jahr ein Zwillingsmädchen an Kindstod verloren. Das ist ein so grausames Thema, was ich am liebsten verdrängen möchte. Jede Mutter hat panische Angst davor ... Viele Betroffene kommen damit nicht zurecht. Ich erfuhr, dass sie eine Selbsthilfegruppe besucht. Sie meint, dass die meisten Eltern – im Gegensatz zu ihr – keine Hoffnung auf ein Wiedersehen nach dem Tod mit ihrem Kind haben und deshalb mit diesem Schicksal gar nicht umgehen können. Sie selbst wirkte recht gefasst und strahlte eine auffällige Ruhe aus. Ich finde das sehr stark von ihr!

Ich bin froh, dass Amos nicht zu den Risikogruppen gehört, wie das beispielsweise bei Zwillingen, nicht gestillten Kindern oder Kindern von Rauchereltern der Fall ist. Trotzdem, schon der leiseste Gedanke an Kindstod mündet immer in mein Gebet, dass Gott uns davor bewahrt! Dann weiß ich es zu schätzen, ein kerngesundes Baby zu haben, und merke, wie nichtig es ist, sich über Amos' häufiges Schreien zu ärgern. Es ist undankbar von mir, wenn ich nach den anspruchslosen, pflegeleichten Kindern schiele und Vergleiche ziehe. Wir haben unseren Amos so lieb und möchten ihn bitte nie verlieren!!!

Jedes Kind ist anders

Heute früh war ich bei Uta. Katrin ist auch gekommen, und so konnten wir so richtig schön über alles Mögliche schwatzen. Ich hatte mich ja immer nach solchen Stunden gesehnt, wollte über meine Fragen und Ängste reden, die das eigene Kind mit sich brachte, und aus dem reichen Erfahrungsschatz befreundeter Mütter schöpfen. Aber irgendwie war ich auch blockiert. Ich habe gespürt, dass wir uns zum Teil fremd geworden sind – wir sehen uns zu selten! Beim Essenkochen hat Uta ihren Johannes einfach ins Spülbecken gesetzt (um ihn bei sich und doch die Hände frei zu haben), unter ihn ein Handtuch gelegt, und so saß er sicher und nahe bei seiner Mami. Ich fand diese Idee Klasse, staunte, wie einfach Uta sich die Hände freizuhalten weiß und dabei ihrem Kind immer noch genug Nähe vermittelt.

Nachtrag: Dieses Bild von Johannes im Spülbecken ist mir lange nachgegangen. Als dann Amos in dem Alter war, dass ich mit ihm hätte Gleiches tun können, konnte ich es dennoch nicht tun. Amos ist ein völlig anderes Kind. Er kann an keinem Ort ruhig sitzen. Aus dem Spülbecken wäre er mit Leichtigkeit herausgeklettert und hätte meinen Versuch, ihn da für eine geraume Zeit ruhig zu stellen, als Scherz gedeutet. Also, die Idee war gut, aber unbrauchbar für uns. Mir zeigt das im Nachhinein, dass ich viel zu oft nach den Verhaltensweisen anderer Mütter und anderer Kinder geschaut habe. Immer tat ich dies in der Hoffnung, von anderen, die mehr Erfahrung hatten, einiges abschauen zu können. Dass ich aber mein Kind als ein anderes, eben wilderes, anstrengenderes Kind akzeptieren und genau für diesen Amos Methoden zuschneiden musste, die gar nicht von anderen vorgezeigt werden konnten, das habe ich erst einige Monate später begriffen. Das kam aber erst in der Zeit, als ich wesentlich gelöster mit meinem Kind umgehen konnte, als nämlich Amos nicht mehr pausenlos geschrien hat.

Seit heute habe ich mit großem Erfolg Amos 20.00 Uhr ins Bett gelegt. Ich glaube, dass das ein ganz wichtiger Schritt in Richtung Tag-Nacht-Rhythmus ist, denn wenn wir diese Zeit einhalten, wird sich Amos' innere Uhr auf diese Schlafenszeit einrichten.

Von da an war es endlich möglich, ab und zu eine babyfreie Abendgestaltung zu haben und nicht ständig mit Amos' Anwesenheit rechnen zu müssen. Das war ein riesiger Fortschritt, so konnte ich, nachdem Amos im Bett lag, wieder Ich sein, mit anderen normal (sprich: ohne Babygeschrei oder Baby auf dem Arm bzw. an der Brust) reden, ein Buch lesen oder, oder … einfach so wie früher.

August 2

Amos gestaltete wieder einen klassischen Schrei-Tag: Früh habe ich ihn im Kinderwagen ausfahren wollen, doch sein Geschrei erfüllte die Wege, und so zog ich es vor, mit ihm zu Hause zu bleiben. Auf meinem Arm ließ er sich aber auch nicht beruhigen. Ich konnte Amos einfach nicht helfen. In mir stieg – wie schon so oft – der Wunsch hoch, irgendwohin zu fliehen …

Am Nachmittag war ich dann noch in einem Lebensmittelgeschäft. Weil Amos im Wagen wie üblich gebrüllt hat, habe ich ihn auf den Arm genommen und bin mit schlechter Laune durch die Regale gezogen, war sauer auf mich und Amos und überhaupt auf die ganze Welt. Da hörte ich auf einmal, wie hinter mir die Leute sagten: »Guck doch mal – ist der nicht niedlich!« Gemeint war mein Sohn, der mir über die Schulter sah, fremde Leute anstrahlte und es genoss, nicht mehr liegen zu müssen, sondern von oben viele interessante Dinge zu sehen. Ich wuchs natürlich gleich um einige Meter und war sehr stolz auf meinen süßen Sohn! Solche Worte von Fremden kommen manchmal wie Medizin und wirken sofort!

Am Abend hatte ich es gewagt, mit Amos kurz zum Grillfest unseres alten Bibelkreises – genannt »Elefantenkreis« – zu gehen. Jedes andere Kind wäre bereits auf dem Weg dahin im Kinderwagen in einen unerschütterlichen Tiefschlaf gefallen. Aber offenbar mögen Löwenbabys keine Elefanten! Amos hat sich lautstark und ohne Ende dagegen gewehrt, da half auch kein Tragen und Massieren. Nachdem sämtliche Gespräche im Gebrüll erstickt waren, zog ich es vor, den Garten fluchtartig zu verlassen, weil es echt sinnlos war. Das war wieder so ein Anlass, auf den ich mich eigentlich lange gefreut hatte, wollte ich doch mein niedliches Kind vorstellen und mal wieder mit alten Freunden zusammensein. Peng! Wieder eine Seifenblase kaputt! Andere Babys werden an sämtliche Stellen mitgeschleppt und schlafen ohne Ende. Warum nur macht Amos aus jeder Hoffnung eine Enttäuschung? Ich bin sehr niedergeschlagen!

Ernährung und Bauchschmerzen

August 3

Der arme Amos-Knirps hatte am Nachmittag und Abend so schlimme Bauchschmerzen, dass er unter großen Tränen die Beine anzog und sich total verkrampfte. Er tut mir so leid! Ich hoffe so sehr für ihn und uns, dass wirklich in 2 Wochen Schluss ist und alles den Dreimonatskoliken zuzuschreiben war!

Ich habe ja auch nur sehr wenig Möglichkeiten für eine gute Ernährung, weil fast alles bei Amos über die Muttermilch Blähungen auslösen kann: Keine Zwiebeln und Knoblauch (logisch!), kein Kohlgemüse, kein Obstsaft, kein Kaffee oder schwarzer Tee, kein Sprudelwasser, kein Vollkornbrot ... Viel bleibt nicht übrig, was ich mit ruhigem Gewissen essen kann! Doch trotz all meiner Vorsicht wird Amos von Blähungen gequält, ich weiß nicht, was ihm noch helfen könnte. –

Mein armes, kleines Baby hat so schlimme Bauchschmerzen, dass ich nur noch mitheulen könnte. Amos krümmt sich immer mehr, dabei zittert der ganze Körper. Wenn ich nur wüsste, ob ich trotz meines einfachen Speiseplanes noch etwas Falsches esse.-

Amos hat ein bisschen im Garten geschlafen. Meine große Hoffnung war ja, dass er durch die gesunde Gartenluft und Ruhe lernt, gelassen im Kinderwagen zu schlafen. Das klappt aber nur minimal. Wie machen das denn andere Babys, die man nur in den Wagen legen muss, und schon zieht es ihnen die Augen zu und sie schlafen Stunde um Stunde? Bei Amos ist alles mit Kampf verbunden. Man muss ihn regelrecht zu seinem Glück zwingen, ihn stundenlang festhalten, schaukeln ...

Wenn Amos keine Bauchschmerzen hat, ist er ein freundlicher Schatz, der gern lacht und sich mit seinen großen Augen die Welt ansieht. So müsste er immer sein! Na, noch zwei Wochen, dann sind die Koliken bestimmt vorbei, falls es wirklich die Dreimonatskoliken sind. Das wird uns allen gut tun!

Letzte Nacht hat Amos 6 Stunden hintereinander geschlafen – ich kann nur staunen! Und ich habe gleich gute Laune. Amos' Bauchschmerzen sind längst nicht mehr so schlimm. Er hatte zweimal Durchfall, seitdem hat sich scheinbar der Darm reguliert.

Amos war heute ganz sehr lieb, hat wenig geweint und viel gelacht! Manchmal hat er versucht, den Kopf aus der Rückenlage zu heben. Das ist neu. Besonders fröhlich ist er beim Wickeln, dann jauchzt er ganz sehr und freut sich, wenn er seinen kleinen roten Plüschelefanten fangen kann, den ich über dem Wickeltisch aufgehängt habe. Wenn der hin- und herschaukelt, strampelt Amos mit Armen und Beinen. Neuerdings kommen auch Laute wie »Ei!« zustande.

Seit kurzem sieht mich Amos beim Stillen an, bisher hat er immer in die Luft gestarrt. Auch das Schlafengehen klappt wesentlich besser. Nach dem Baden, Stillen, kurzem Getragenwerden schläft Amos gegen 21.30 Uhr ein. Ich schöpfe Hoffnung auf eine Wende zum Guten!

August 9

In all den vergangenen Jahren habe ich meinem Geburtstag entgegengefiebert, und mit Beginn des Monats August kreisten alle Gedanken um den 9. August. Diesmal ist alles anders. Mein neuer Mittelpunkt heißt Amos. Mein Geburtstag – seit 28 Jahren das Gleiche und doch in diesem Jahr ganz anders. Es gab gar kein Kribbeln mehr, keine Neugier auf Geschenke. Mein größtes Geschenk ist Amos, und mit seiner Geburt hat mein Geburtstag an Spannung verloren. Es ist ja auch gut so, dass mein Mittelpunktsein (zumal im Hause meiner Eltern) endlich auf Amos übertragen wird.

Es war aber ein sehr schöner Tag. Die Sonne schien und es kamen viele Besucher. Einigen Freunden hatte ich geschrieben, dass ich zu Hause bin. Ich habe mich riesig über das Zusammensein mit ihnen gefreut, manche hatte ich über Jahre nicht mehr gesehen. Meine Freundin Ellen, mit der ich viele gemeinsame Erfahrungen in der Studienzeit machen durfte, kam völlig überraschend. Wir hätten stundenlang schwatzen können. Es war wie in alten Zeiten! Doch bei all dem Trubel oder während der Stille, als Amos endlich im Bett war – meine Gedanken kreisten immer um meinen Sohn und nicht mehr um mich.

August 12

Wau! Unser kleiner Sohn hat sich positiv verändert! Auf unserer Heimfahrt im Zug von Chemnitz nach Hause hat er die ganze Zeit geschlafen, nur einmal kurz getrunken und ein bisschen geguckt. Selbst in der Wohnung schlief er dann weiter, und nachts nach dem Stillen nickte er wieder sofort ein. Heute hatte er nur kurz Bauchschmerzen und hat geweint, aber es ist mir auch im Laufe des Tages dreimal gelungen, ihn für eine Stunde zum Schlafen zu bringen. Ja, einmal konnte ich ihn mit offenen Augen in den Stubenwagen legen, Nuckel in den Mund stecken, kurz ein Liedchen summen – und schon war Amos eingeschlafen. Der Urlaub hat ihm offenbar sehr gut getan, er ist ruhiger geworden und hat außerdem eine gesunde Gesichtsfarbe. Ich denke aber auch, das heutige Regenwetter macht ihn schön müde. Heute Abend haben wir Amos gebadet, gestillt und um 20.00 Uhr ins Bett gelegt. Er ist sofort eingeschlafen. Wir haben wohl endlich einen Rhythmus gefunden. Das ist wunderschön und erleichternd. Ich bin glücklich über diesen Fortschritt!

Lässt Amos einen »Nebenjob« zu?

August 13

Letzte Nacht hat es Amos geschafft, 8 Stunden durchzuschlafen! Er war um 20.30 Uhr im Bett und ist erst gegen 5.00 Uhr wach geworden. Wenn das kein Grund zum Freuen ist! Scheinbar holt er einiges vom Schlafdefizit der letzten Wochen auf!

Am Morgen fühlte ich mich so genial, dass ich hätte Bäume ausreißen können! – Naja, nicht unbedingt Baumfällarbeiten, aber irgendeine Aufgabe, so ganz fernab von Windelnwaschen und Babystillen, würde mir tatsächlich gut tun. Ein solcher Ausgleich hätte wiederum beflügelnde Wirkung auf meinen Alltag. Ohne lange nachdenken zu müssen, fiel mir ein, dass heute Nachmittag der Redaktionskreis für unseren Gemeindebrief stattfindet. Fröhlich plante ich unseren Ausflug, packte Amos in den Wagen und rechnete fest damit, dass er auf dem Weg einschläft (wie gesagt, er war seit 5.00 Uhr wach ...). Das klappte zunächst auch.

Doch kaum waren wir da, musste Amos ganz laut und lange schreien. Ich wollte ihn durch Stillen beruhigen, aber das half nicht. Ich packte ihn ins Tragetuch, doch Amos fand keine Ruhe. So musste ich leider recht bald einsehen, dass wir beide die Redaktionsarbeit nur behindern. Bevor ich einen nützlichen Beitrag leisten konnte, mussten wir nach Hause gehen. Ich bin ziemlich traurig, weil ich mal wieder merke, wie eng meine Grenzen geworden sind. –

Einmal nur hatte Amos in der letzten Nacht Hunger – und das ist auch okay. Seit der Urlaubszeit habe ich mir angewöhnt, Amos direkt im Bett zu stillen. Inzwischen klappt das ja mit uns recht gut, ich brauche kein Licht, Amos und ich »erfühlen« uns die richtige Stelle für Brust und Mund.

Mir ist heute aufgefallen, dass Amos allmählich beginnt, Personen zu beobachten, die bis zu 2 Meter von ihm entfernt sind und sich bewegen. Auch schafft er es, bis zu einer halben Stunde allein auf einer Decke zu liegen und sich umzusehen. Besonders fasziniert ihn das Muster unseres Wandteppichs. Dieses Daliegen funktioniert aber nur vormittags, wenn er munter ist und keine Bauchschmerzen hat. Das ist dann meine Zeit, in der ich mir mal die Haare waschen oder irgendwelchen Hauskram erledigen kann. Es ist gut, dass ich mich auf eine solche Zeit einrichten kann, und hoffe, dass das so bleibt.

Das Stillen klappt wesentlich besser, es macht sogar langsam Spaß. Anfangs hatte ich ja fast Angst vor jeder Mahlzeit und war regelrecht erleichtert, wenn ich die Prozedur für ein paar Momente hinter mich gebracht hatte. Inzwischen mache ich mir kaum noch Gedanken darüber. Während Amos trinkt, genieße ich meinen Sohn, streichle ihn und bin einfach froh, dass unser Verhältnis zueinander immer besser wird. Amos trinkt derzeit 5-6 mal täglich. Wenn ich daran denke, dass es anfangs alle 2 Stunden war, bin ich doch froh, dass wir inzwischen 12 Wochen weiter sind!

Und die Nächte sind traumhaft: Zwischen 20.00 Uhr und 5. 00 Uhr liegt er im Bett und wacht nur einmal auf. Die Koliken sind vorbei! Trotzdem bin ich noch sehr vorsichtig mit dem, was ich esse. Wenn ich doch mal eine Tasse Kaffee trinke, bekomme ich sofort die Quittung in Form eines Schreikonzertes etwa 20 Minuten nach dem Stillen.

Inzwischen greift Amos zielgerichtet nach verschiedenen Dingen. Besonders meine Haare kann er schon sehr energisch ziehen. Manchmal zieht er sich den Schnuller selbst aus dem Mund oder hält ihn fest in der Hand. Oder er faltet seine Hände und versucht, sie beide in den Mund zu stopfen. Er erschrickt und weint, wenn wir vor seinen Augen zu schnelle Bewegungen machen. Aber alles, was sich angenehm langsam bewegt, verfolgt er neugierig mit den Augen und freut sich zum Beispiel, wenn der Papa den roten Elefant Dumbo von links nach rechts über das Spielereck laufen lässt. Rutscht der kleine Elefant dann mal aus Versehen aus und fällt auf Amos' Nase, muss er lächeln. Das ist niedlich!

August 20

Wahrscheinlich hat Amos wieder einen Wachstumsschub. Man sagt ja, so nach 6 Tagen, 6 Wochen und 14 Wochen nach der Geburt kommt so ein Schub, wo die Kleinen nur am Trinken sind. Im Moment möchte er mich pausenlos aussaugen. Ich bemühe mich, selbst genug zu trinken, um den Anforderungen meines Sohnes standhalten zu können, aber das ist echter Stress. Ich muss ja immer wieder staunen, wie genial die »Brust-Milchautomaten« geschaffen sind. Über zwei, drei Tage muss Amos alle zwei Stunden angelegt werden, dann hat sich die Brust auf die neuen Forderungen eingestellt, und Amos kann zu weniger Mahlzeiten mehr trinken. Die Schöpfung ist einfach perfekt!

Tragetuch

August 22

Auf meiner linken Schulter liegt Amos und schaut sich die Welt an. Er zappelt ganz schön, heute ist er richtig lieb, lag sogar eine halbe Stunde allein auf der Krabbeldecke, ohne zu weinen. Ich fühlte mich deshalb auch viel besser, habe in Ruhe Mittag essen können und das Abendbrot bereits vorbereitet. Nachher packe ich Amos ins Tragetuch, damit wir den Papa vom Zug abholen können.

Mit Uta und Katrin hatte ich im Urlaub über mein Tragetuch gesprochen, von dem ich bisher nicht so überzeugt war. Meine ersten Versuche, Amos damit an meinen Körper zu binden, scheiterten, weil ich jedesmal das Gefühl hatte, er würde herausrutschen. Ich bekam zwei ganz wichtige Hinweise: Nämlich, dass das Tuch wirklich ganz *straff* sitzen muss (die Angst, dem Baby die Luft wegzunehmen, ist absolut unbegründet, weil Tragetücher aus einem Spezialgewebe sind und auch bei fester Spannung genug Platz zum Atmen lassen) und dass es sich wirklich lohnt, am Anfang ein bisschen zu *üben*, bis man das Gefühl für die richtige Handhabung hat.

Inzwischen ist das Tragetuch für uns zu einem absolut unverzichtbaren Begleiter und Helfer geworden, weil es viele Vorteile in sich birgt:

Die kleinen Babys werden am besten am Bauch getragen. So ist ständiger Blickkontakt möglich, das Kind hört den bekannten und beruhigenden Herzschlag der Mutter, spürt die Wärme, hört die vertraute Stimme ganz nah und wird so an seine gemütliche Zeit im Mutterleib erinnert, die im Tragetuch sozusagen auf der anderen Seite der Haut fortgesetzt wird. So am Bauch der Mama erlebt das Kleine all ihre Bewegungen und lernt dadurch selbst koordinierte Bewegungen. Es heißt, dass getragene Kinder auch früher sprechen lernen, eher selbständig werden, sich mutiger von der Mama wegbewegen, weil sie viel Sicherheit tanken konnten und erlebt haben, dass die Mama schützt und auch beim Wegkrabbeln in der Nähe sein wird.

In der Überzeugung, das Beste zu tun, überwand ich meine Abneigung gegen das Tuch, probierte es immer wieder, trug Amos hauptsächlich in der Wohnung und erlebte bald ein unbeschreibliches Glücksgefühl ... denn mit Amos am Bauch hatte ich endlich die Hände frei und konnte einige Arbeiten erledigen. Ich wurde zufriedener, schon allein das hat sich auch positiv auf Amos ausgewirkt. Aber auch er selbst zeigte mir sein

Wohlbehagen, indem er ganz still und lieb in die Welt schaute oder schlief. Es war herrlich!

Mit der sogenannten »Kreuzbindung« habe ich eine besonders angenehme und sichere Bindeart für uns beide gefunden. Amos war im Tuch sichtbar zufrieden. Schade, dass ich dies erst nach etwa 4 Monaten richtig nutzen konnte (wollte). Ich hätte mir am Anfang einige Nerven sparen können. Nun, beim zweiten Kind wird vieles besser!

Wie die Leute draußen auf ein Baby reagieren

Außerhalb der eigenen vier Wände kann man die unterschiedlichsten Stimmungen einfangen, sobald man sich mit einem – na sagen wir: nicht ganz so zurückhaltenden – Baby unters Volk mischt. Bisher war ich vor allem an bissige, unqualifizierte Meinungen meiner Mitmenschen gewöhnt. Ziemlich unfreundlich und unsensibel gaben sie ihre Kommentare ab, sobald die ersten Dezibel meines schreienden Amos' an ihre ruheverwöhnten Ohren drangen.

Da waren Sprüche wie: »Nun tun Sie doch etwas, das Kind kann einem ja leid tun!« Mir tat es auch leid, aber ich konnte ihm nicht helfen, weil Amos offenbar schreien wollte, auch wenn er keinen Grund hatte. – Oder: »Sie hören doch, dass das Kind Hunger hat!«, dabei hatte ich Amos eben erst gestillt.- Selbst Bemerkungen wie: »So ein schreckliches Kind!« oder »Mensch, ist das nervig!« und »Kann man dem nicht mal das Maul stopfen!« sind gefallen. Eine Frau hat mich mal regelrecht angeschrien : »Stört Sie das Gebrüll denn überhaupt nicht?« Und wie es mich störte! Nur wusste sie nicht, dass ich bis eben durch Stillen auf der Parkbank und Amos-auf-dem-Arm-tragen versucht hatte, den Kleinen zu beruhigen. Da er trotzdem weiterschrie, hatte ich ihn in den Wagen gelegt und musste nun zwangsläufig mit dieser »Begleitmusik« meine Wege erledigen. Noch andere Leute blieben stehen, gaben mehr oder weniger dumme Kommentare ab: »Das ist ja eine Zumutung!« »So bringen Sie doch mal das Gör zur Ruhe!« ... – Ich wäre am liebsten ausgerissen! Aber wohin? Amos hätte überall weitergeschrien!

Ich frage mich schon, mit welchem Recht manche Leute so bissig auftreten. Für eine Mutter sind das vernichtende Worte, weil sie neben der sowieso vorhandenen Gereiztheit auch noch kritisiert und für das Schreien verantwortlich gemacht wird.

Manchmal habe ich mir dann überlegt, was man denn am besten zu einer Mutter sagt, die mit einem schreienden Kind durch die Gegend fährt. Ich denke, wenn man schon meint, etwas sagen zu müssen, dann könnte ein Satz wie: »Ach, das kenne ich auch! Machen Sie sich nichts draus, das wird besser!« am ehesten trösten. Vielleicht entwickelt sich dann sogar ein Gespräch, ein Erfahrungsaustausch oder auch einfach nur die Möglichkeit, die Luft 'rauszulassen und zu erzählen, wie anstrengend es im Moment mit dem Baby ist. Es tut jedem gut, über seine Nöte zu sprechen, das nimmt den Druck und erleichtert. Und wenn man dabei noch erfährt, dass man mit diesem speziellen Problem nicht allein ist, dann baut das regelrecht auf.

In diesem Sinne hoffe ich, vielen »schreikindgeplagten« Müttern aus dem Herzen zu sprechen. Ich kann echt und ehrlich versichern, dass diese Phase vorübergeht und dass man sich und dem Kind am meisten hilft, indem man eisern versucht, ruhig zu bleiben, Ruhe auszustrahlen und möglichst einen festen Tagesrhythmus einzuhalten, der dem Kind Sicherheit, Harmonie und Ausgeglichenheit vermittelt. Außerdem sollte man sich gerade in der Öffentlichkeit ganz oft klar machen, dass es sogar ein bisschen normal ist, wenn ein Baby schreit!

Glücklicherweise gibt es aber auch schöne Erlebnisse in der »großen, weiten Welt«. Ich genieße es, wieder beweglicher zu werden, mit Leuten zusammenzukommen. Gut, dass es so wirklich liebe, unkomplizierte Freunde wie Dorothea gibt.

Mit meiner Kollegin und Freundin Dorothea unterwegs zu sein ist auch ein Extra-Vergnügen. Sie hat die Gabe, richtig schön staunen zu können. Schon in der Straßenbahn ging's los. Ein Mann bot mir seinen Sitzplatz an. Ich lehnte ab, weil ich mich gerade gut zu Fuß fühlte. Er aber bestand darauf und hielt mir einen Vortrag darüber, dass sich eine junge Mutter schonen muss. Nett! Ich saß also. Wenige Haltestellen später stieg eine Frau zu, die sich darüber aufregte, dass sich so junge Leute wie ich setzen müssen und nicht den Platz frei machen ... Dorothea ergriff die Chance und klärte die Dame darüber auf, wie wichtig es ist, dass sich eine junge Mutter schont. Ich musste in mich hineinkichern. Dann kamen noch Leute, die sich lautstark über das süße Gesicht meines Sohnes unterhielten (Ich setzte mich daraufhin gerade, um etwas größer zu werden!). Als dann Amos anfing zu schreien (vielleicht war ihm langweilig, oder der Hunger meldete sich oder er wollte einfach wieder mehr Beachtung finden), fanden sich natürlich auch »nette« Mitmenschen, die sich über eine solche Zumutung von störenden Kindern aufregten. Bla, bla.

Beim Aussteigen erzählte mir Dorothea fasziniert: »Du, ich staune, was man so alles erleben kann, wenn man mit einem Baby unterwegs ist. Da ist doch das Leben eines normalen Straßenbahnfahrgastes stinklangweilig dagegen!«

3 Monate alt!

Seit Montag ist unser Freund Klaus bei uns zu Besuch. Er hat hier in der Stadt eine Tagung. Am Montag kam er direkt von seiner Urlaubsreise aus San Francisco und hat nun bei uns leider die denkbar schlechtesten Chancen zum Ausschlafen! Trotzdem ist es schön, mal wieder mit einem alten Freund über mehrere Tage hinweg Gelegenheit zum Erzählen und gegenseitigen Anteilhaben zu finden. Die letzten Jahre waren so vollgepackt mit Erlebnissen und Alltagsstress, dass wir nur ganz wenig voneinander wussten. Und immer zu Weihnachten hatten wir uns vorgenommen, im kommenden Jahr mal wieder richtig lange über alles zu reden.

Amos hat uns sowohl in den Nächten als auch an den Tagen ziemlich in Trab gehalten. Nur eins ist daran gut: Klaus kann nun unseren Freunden zu Hause eidesstattlich bezeugen, dass wir mit unseren »Amos-Schrei-Berichten« nicht übertrieben haben!

Für mich wurde in diesen Tagen auch wieder verstärkt das Problem sichtbar, dass ich gar nicht mehr in der Lage bin, richtig lange zuhören und erzählen zu können. Ob das an der chronischen Übermüdung liegt oder daran, dass ich stets mit einem Ohr nach Amos lausche, ich weiß es nicht.

Es ist, als ob es in meinem Leben nur noch ein erstrebenswertes Ziel gibt: Schlaf! Immer denke ich, sobald Amos im Bett ist und schläft, dass ja jetzt auch für mich die Gelegenheit gekommen ist, und nichts ist mir wertvoller als Schlaf! Kein noch so gutes Gespräch möchte ich auskosten. –

September 3

Heute war ein richtig schöner Tag. Zusammen mit Amos bin ich zu meiner Freundin Sabine gefahren. Sie hat zwei Mädchen, 3 und 5 Jahre alt, die voll begeistert von Amos sind. Wir waren gemeinsam spazieren, haben schön gegessen, und ich hab' mir von Sabine viele Geschichten aus dem Alltag einer gestressten Mutter erzählen lassen. Sie vertritt die Meinung, dass alle Eltern ihre Kinder irgendwann auf den Mond schießen wollen. Wer das nicht zugibt, lügt. Da ist viel Wahres dran! Für mich ist es immer wieder sehr heilsam, wenn ich höre, dass auch andere Eltern Phasen durchlebt haben, die einfach chaotisch waren. Ich glaube, viel wichtiger als gute Ratschläge nach dem Strickmuster: »Das musst du besser so und so machen ...« sind Berichte über richtig anstrengende Situationen.

Amos zeigt seine Sonnenseiten

September 18

Ich merke, wie mir Amos immer mehr ans Herz wächst. Er ist kein Fremder mehr. Am Anfang war unsere Beziehung noch nicht so innig, erinnerte eher an eine Zweckgemeinschaft. Das ständige Schreien, meine Schmerzen beim Sitzen und Stillen, die totale Übermüdung und das permanente Gefühl, neben mir zu stehen, haben uns emotional fern gehalten. Heute bin ich gelassener, genieße jeden Fortschritt, freue mich über Amos' Lächeln oder wenn er mich mit seinen kleinen Ärmchen umarmt. Es ist schön, gemeinsam zu wachsen und aus der Unsicherheit und Fremdheit heraus in eine immer schöner werdende Zukunft zu gehen.

Zusammen mit seinem Freund Philipp hat unser kleiner Sohn heute richtig schön gespielt – soweit man das so nennen kann. Zumindest lagen die beiden friedlich nebeneinander und haben sich offenbar recht wohl gefühlt. Ich konnte inzwischen mit Philipps Mama eine Tasse Kaffee genießen und schwatzen und war so richtig ausgeglichen und froh, eine Freundin gefunden zu haben, mit der ich Zeit verbringen und ähnliche Erfahrungen teilen und »auswerten« konnte.

September 25

Unser kleiner Amos wird von Tag zu Tag immer lieber. Heute war ich bei Bekannten, Amos hat kaum geweint. Es regnet, und das mag mein Sohn ja, deshalb hat er auch schön viel geschlafen.

Nachts wird er öfter wach, will aber nur den Schnuller haben. Nur einmal verlangt er nach Trinken. So gegen

5.00 Uhr hole ich ihn immer zu mir ins Bett, da fühlt er sich so wohl, dass er nach dem Stillen noch ein Stündchen mit schläft. Vielleicht verwöhne ich ihn damit, aber das ist mir inzwischen egal, wichtiger ist mir ein ruhiges, ausgeschlafenes Kind und natürlich mein eigener Schlaf. Außerdem habe ich stets den Satz: »Man kann ein Baby gar nicht mit Zuneigung verwöhnen – es braucht naturgemäß übermäßig viel Liebe, Wärme, Körpernähe usw.!« im Hinterkopf!

Freundschaften pflegen

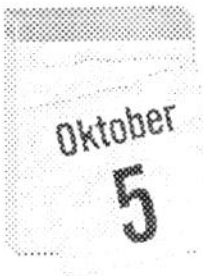

Uns ist es wichtig, dass wir trotz oder gerade wegen unseres Familienzuwachses nicht in die Isolation abdriften. Zusammen mit unseren Freunden und deren Söhnen (5 und 10 Monate älter als Amos) waren wir eine Woche im Urlaub in der Rhön, haben eine große Ferienwohnung gemietet und die Natur, die freie Zeit, den allabendlichen Wein, die Keksschokolade und einfach die so selten gewordene Gelegenheit zum ausführlichen Quatschen genossen. Unsere drei Söhne waren sehr lieb, haben auf den Wanderungen gut geschlafen und uns nur selten in der Öffentlichkeit blamiert.

Da Uta und ich noch fleißig stillen und alle drei Frechdachse immer mal gewickelt werden müssen, haben wir unsere Touren in Gaststätten unterbrochen. Ist schon interessant, wie unfreundlich manche Leute reagiert haben. Einmal mussten wir zwei Emanzen am Nachbartisch bitten, ihren Zigarettenkonsum um der anwesenden Kinder willen etwas einzuschränken. Doch außer ein paar sinnlosen Bemerkungen hat sich nichts getan. Die Welt ist scheinbar voller Egoisten!

Aber der Urlaub war einfach schön und für uns auch wieder ein Lichtstrahl mehr, der uns den Weg zurück in die normale Welt wies. Wir erlebten, wie gut man Kinder einbeziehen kann und dass sich Eltern keineswegs in ihre vier Wände zurückziehen müssen.

Oktober 10

Heute hat Amos einen richtigen Schock bekommen. Ekkehard hatte ihn auf dem Arm, kam zu mir ins Badezimmer und sagte: »Da ist die Mama!« Amos hörte das Wort »Mama«, drehte sich schnell um und sah mich mit nassen Haaren und fing an, schrecklich zu weinen! Der Arme dachte bestimmt, dass diese struppelige Fetzenfichte unmöglich seine Mama sein kann!

Am Abend waren wir erstmals wieder im Kino. Oma und Opa haben sich als gute Babysitter bewährt. Gut, dass wir im Urlaub auf diese Möglichkeit zurückgreifen und uns einen zweisamen Abend gönnen können. –

Oktober 12

Die Bäume werden bunt und kahl – es ist Herbst. Die Monate rauschen an mir vorbei, ohne dass ich die Zeit richtig verinnerlichen kann. Noch immer habe ich das Gefühl, neben mir zu stehen. Ich wusste nicht, dass eine Geburt so tiefe und langanhaltende Veränderungen mit sich bringen kann. Ich glaube, ich bin immer noch nicht bewusst »Mutter« geworden. Manchmal kribbelt es mir im Bauch und mir fällt ein: »Mensch, ich habe einen

Sohn!« (So ähnlich war das Kribbeln auch damals, als die Freundschaft mit Ekkehard begann!)

Wahrscheinlich bekommt Amos Zähnchen. Es läuft viel Speichel aus seinem Mund, und er beißt sich auf die Finger und alles was er sonst greifen kann. Leider tut mir auch die Brust beim Stillen wieder sehr weh, besonders wenn Amos nach weniger als 3 Stunden wieder trinken will. Seit drei Tagen scheint Amos auch wieder Bauchschmerzen zu haben. Scheinbar liegt das daran, dass ich so viel Obstsaft getrunken habe – wie leichtsinnig, aber mein Appetit war so riesig!

Auf und Ab im Alltag

Oktober 14

Heute war ein sehr anstrengender Tag. Amos hat von 6.15 Uhr bis zum Abend ununterbrochen geschrien – egal, ob ich ihn auf dem Arm trug oder versuchte, ihn ins Bett zu legen. Ich habe keine Ahnung, was ihm weh tut oder sonst irgendwie stört. Zähne? Oder die Umstellung der letzten Tage, die Sehnsucht nach den Großeltern? Immerhin hat er vieles verarbeiten müssen. Zum Glück war Amos dann aber um 20.00 Uhr im Bett und ist sofort eingeschlafen. –

Oktober 18

Neuerdings ist Amos tagsüber gar nicht mehr im Bett zum Schlafen zu bringen. Sobald ich ihn hinlege, schreit er wie am Spieß. Dabei bin ich mir so sicher, dass er hundemüde ist und dringend Schlaf braucht. So richtig ließ er sich erst im

Tragetuch bändigen, ist da auch eingeschlafen, und ich war froh, dass ich mich mit ihm zusammen in den Sessel setzen, schreifreie Minuten genießen und auch kurz schlafen konnte.

Oktober 19

Heute war ein richtig schöner Tag. Samstag. Papa hat Amos zweimal ausgefahren, und ich konnte in der Zeit schlafen. Himmlisch! Auch sonst habe ich vieles geschafft: Die Balkonkästen sind mit Heide bepflanzt, der Bügelberg ist abgetragen, die Wohnung sieht wieder ordentlich aus, die Babykleidung ist neu sortiert (die ausgewachsenen, geliehenen Sachen kann ich zurückgeben). Sogar ein paar Briefe sind fertig geworden. Ich komme mir sehr fleißig vor, das baut auf!

Mit Amos kann man schon richtig spielen. Manche Dinge, die man ihm gibt, hält er ganz fest, andere, die ihm offenbar nicht gefallen, wirft er weg. Oft zieht er sich seinen Nuckel aus dem Mund, und manchmal trifft er sogar das »Loch« wieder. Es kommt öfters vor, dass er sich mit den Beinen abstützt und zu stehen versucht, wenn man ihn unter den Armen festhält. Ich finde, er hat in den Armen und Beinen außergewöhnlich viel Kraft.

Oktober 22

Auf der Suche, Amos und mir etwas Gutes zu tun, haben wir uns für einen Babyschwimmkurs mit Rückbildungsgymnastik entschieden. Amos war also heute das erste Mal schwimmen – und keiner konnte ihn überhören! Während der Rückbildungsgymnastik für die Mütter saßen die Babys in ihren MaxiCosi-Sitzen am Beckenrand. Alle saßen gebannt da und schauten sich interessiert um, nur Amos schrie und schaukelte so sehr, dass ich zu ihm gehen und ihn auf den Arm nehmen musste, damit er nicht samt Sitz ins Wasser kippt. Dann durften die Kinder auch ins Wasser – Amos schrie. Ich vermute, dass ihn vor allem dieses typisch laute, dumpfe Schwimmhallengeräusch gestört hat. Ich habe ihn dann ganz festgehalten und bin langsam mit ihm durchs Wasser gelaufen, bis er sich beruhigt hatte und sogar gelacht und mit den Füßen gestrampelt hat. Mal sehen, wie sich das entwickelt. Ich hoffe, dass Amos die Entspannung im Wasser bald genießen kann. Außerdem hat das Programm einen sehr positiven Nebeneffekt: Das Schwimmen hat Amos so müde gemacht, dass er sogar zwei Stunden Mittagsschlaf schaffte!!!

Oktober 24

Ich kann es einfach nicht begreifen, dass Amos während des ganzen Tages nicht einmal schlafen wollte! Ich will es auch gar nicht akzeptieren, dass es so ist! Wieder habe ich ihn heute Mittag nach dem Stillen und Wickeln ins Bett gelegt, mich sogar neben ihn gelegt, um ihn meine Nähe spüren zu lassen, aber Amos schreit und schreit! Mehr als eine Stunde lagen wir so da, ich habe ihn gestreichelt, gesungen, ihm gut zugeredet, immer in der Hoffnung, dass Amos ruhiger wird, einschläft und auch ich meine wohlverdiente Portion Schlaf bekomme. Doch umsonst! Er hat nur geschrien und sich gegen diese Ruhe gewehrt, als ob sie ihm schaden könnte.

Gestern haben wir Konny, eine Bekannte aus unserer Gemeinde, und deren 3 Wochen altes Baby besucht. Dieses Kind schläft den ganzen Tag, trinkt alle 4 Stunden und ist ganz lieb, wie man sich das halt so vorstellt. Das macht mich durchaus ein bisschen neidisch. Wieso kommt mein Baby mit mühsam erkämpften, bröckchenweisen 10 Stunden Schlaf (verteilt über den ganzen Vierundzwanzigstundentag) aus? Woher nimmt Amos nur die Energie, die er ja beispielsweise zum Schreien braucht. Es wäre ja auch nicht schlimm, wenn er statt zu schlafen sich einfach ein bisschen umgucken, vor sich hin träumen oder spielen würde. Aber das tut er nicht. Amos schreit.

5 Monate alt!

Oktober 30

Ich gebe es auf, Amos tagsüber ins Bett zu legen. Und wenn er noch so müde ist, er will oder kann einfach nicht schlafen. Also habe ich nur die Chance, Amos ins Tragetuch zu packen. Zunächst erledige ich dann mit ihm kleine Hausarbeiten wie Abwasch und so. Durch meine vielen Bewegungen wird Amos dabei in den Schlaf geschaukelt. Sobald er die Augen zu hat, setze ich mich mit ihm in den Sessel und komme dabei selbst auf eine dreiviertel Stunde Mittagsschlaf, länger schafft es Amos selbst im Tragetuch, ganz nah an meinem Körper, nicht. – Dass das aber regelmäßig klappt, ist für mich eine große Erleichterung! (»Normale« Babys in diesem Alter schlafen noch nach jeder Mahlzeit …)

Oktober 31

Unser kleiner Schatz lacht ganz viel und freut sich, wenn jemand mit ihm spielt oder kaspert. Heute waren wir beide in einem Kinderkreis in unserer Gemeinde, den ich in den nächsten Wochen vertretungsweise leiten soll (ein erneuter Versuch, mich wieder nützlich machen zu können). Mit Amos im Tragetuch bin ich recht gut zurechtgekommen. Diese Tatsache motiviert mich. Das Leben hat mich wieder! Es ist schön, Amos so einbeziehen zu können!

Da Amos schon 5 Monate alt ist, muss ich mir schon Gedanken ums Abstillen und Zufüttern machen. An dieses Stück »Abschied« möchte ich aber eigentlich noch gar nicht denken, denn im Moment ist alles recht harmonisch, das Stillen macht Spaß, ich fühle mich wohl in meiner Mutterrolle, genieße Amos, komme sogar mit meinem Schlafdefizit ganz gut zurecht. Es könnte uns nicht besser gehen!

Wir haben den heutigen Feiertag für eine schöne Wandertour durch das Ahrtal genutzt. Bis auf einige Regenschauer war es ein gelungener Ausflug. Amos war lieb, auch mit dem Stillen hat es in den Gaststätten gut geklappt. Erstaunlicherweise hat Amos auch mein mit Zwiebeln gewürztes Mittagessen gut überstanden. Ich denke, jetzt ist wirklich die Zeit der schlimmen Blähungen vorbei, und ich bin darüber sehr erleichtert!

Die Wege durch die Weingärten waren fast alle betoniert (nicht sehr romantisch – dafür aber kinderwagenfreundlich!), nur einmal stand ein Felsvorsprung im Weg, der nur kletternd überwunden werden konnte. Zum Glück hatte ich das Tragetuch dabei, so dass ich Amos sicher tragen konnte und der Papa den Kinderwagen zusammengeklappt einige hundert Meter schleppen musste.

Neuerdings schreit Amos nicht mehr, wenn er früh wach wird. Stattdessen »erzählt« er. Das ist vielleicht ein nied-

liches Geplapper! Sein Nachtschlaf ist wesentlich besser geworden und dauert von 20.00 Uhr bis 6.30 Uhr mit einer Trinkpause und etwa 5 Unterbrechungen, die aber schnell mit dem Schnuller zu beheben sind.
Bisher war es für Amos egal, womit er spielte. Wenn eben ein Ding heruntergefallen war, nahm er das nächste in die Hand. Heute ließ er seinen Elefanten Dumbo aus dem Kinderwagen fallen, der landete ausgerechnet in einer Pfütze und war reichlich waschreif. Da Amos ihn also nicht zurückbekam, wurde er richtig traurig und weinte, weil er sein Spielzeug vermisste.

November 14

Das war vielleicht eine Überraschung: Als Ekkehard heute früh gegen 7.30 Uhr von einer Dienstreise aus Berlin nach Hause kam, brachte er 10 Rosen, Brötchen und eine Flasche Sekt mit und gratulierte mir. Ich wusste überhaupt nicht, was los war, bis mich Ekkehard daran erinnerte, dass an diesem Tag vor 10 Jahren unsere Freundschaft begann! Oh man! Ich war total baff, denn früher war ich es immer, die solche Termine im Kopf gespeichert hatte und nicht verstand, wieso Ekkehard zum Beispiel »unseren 14. November« vergessen konnte. Durch Amos ist mir scheinbar alles abhanden gekommen, was nicht zum unmittelbaren Überleben nötig ist. –

Auf der Suche nach einem Tagesrhythmus

November 24

Seit einigen Tagen ist die Oma zu Besuch, Amos lässt sich gern von ihr verwöhnen. Ich gehe voll in der Hausarbeit auf, freue mich über jedes sichtbare Ergebnis.

Neuerdings lege ich mich mit Amos zusammen mittags hin. Ich war es einfach leid, übermüdet und überreizt durch den Tag zu wandeln, nur weil Amos immer so tut, als bräuchte er keinen Schlaf. Er braucht ihn (und ich auch!). Ich bin echt happy, dass es klappt. Wir legen uns gemeinsam ins Ehebett, ich halte Amos' ständig fuchtelnde Ärmchen fest, erzähle ihm eine kleine Geschichte, ganz ruhig, werde immer leiser und schließe dann meine Augen. Dann dauert es nicht lange, bis auch Amos seine Äuglein schließt und fest schläft. Es ist richtig schön, Amos weiche Haut zu spüren und sein schlafendes Gesicht bewundern zu können. Das ist Mutterglück, so wie ich es mir vorgestellt habe!

Ähnliche Erfahrungen mache ich morgens. Amos wird immer zeitiger wach, klopft mit den Händen auf die Bettdecke und will aufstehen. Das ging mal bei 6.30 Uhr los, inzwischen sind wir bei 4.00 Uhr gelandet, und das ist nun wirklich keine Zeit zum Aufstehen! Also hole ich mir Amos ins Bett, stille ihn, lege ihn in die »Besucherritze«, wo er noch ein paar Minuten vor sich hinplappert, dann aber noch einmal fest einschläft und bis ungefähr 7.00 Uhr still ist.

Abends wird Amos spätestens 19.30 Uhr gestillt und ins Bett gelegt. Dann singen und beten wir noch, und danach schläft er recht zuverlässig ein. Dieser feste Ablauf ist Gold wert. Also, das Einschlafen ist kein so großes Problem mehr – nur noch das Durchschlafen.

Mich stört ein bisschen, dass wir noch keinen richtigen Tagesrhythmus haben. Deshalb führe ich seit einigen Tagen eine Tabelle, in die ich Amos' Schlafzeiten, Mahlzeiten und Schreizeiten mit verschiedenen Symbolen in eine 24-Stunden-Spalte eintrage. Diese Tabelle macht sichtbar, wie der Tag tatsächlich verläuft. (Manchmal empfand ich einen Tag viel chaotischer, als er tatsächlich war, weil ich vielleicht ein negatives Erlebnis hatte, das alles andere überschattete.)

Anhand dieser Tabelle lässt sich auch erkennen, um welche Zeitpunkte herum sich etwa die Mahl- und Schlafenszeiten befinden. Damit wird es möglich, feste Zeiten einzuführen, indem ich eine Zeitlinie suche, um die sich eine bestimmte Mahlzeit anbahnt. Allmählich kann ich nun auf eine feste Zeit zuarbeiten.

Für uns alle war heute ein wunderschöner Tag. Amos wurde in der Gemeinde gesegnet und bekam einen sehr schönen Bibelvers mit auf den Weg: »Ich will vor dir hergehen und das Bergland eben machen, ich will die ehernen Türen zerschlagen und die eisernen Riegel zerbrechen und will dir heimliche Schätze geben und verborgene Kleinode, damit du erkennst, dass ich der Herr bin, der dich beim Namen ruft.« (Jesaja 45, Verse 2 und 3) Ich finde diese Zusage nicht nur schön, sondern regelrecht zukunftsweisend. Wenn Gott vor einem Menschen hergeht, dann ist das ein riesiges Geschenk! Möge unser Amos diesen Gott kennen- und liebenlernen und eines Tages von Herzen sagen: »Jetzt will ich mich taufen lassen.«

Amos war regelrecht lieb, hat früh sogar bis 8 Uhr geschlafen (nach den üblichen nächtlichen Unterbrechungen natürlich) und dann alle Gratulanten und Aufregungen des Tages geduldig ertragen.

Dezember 5

Wir haben mal wieder ein sehr anstrengendes, unzufriedenes, ständig quengelndes Kind. Amos bleibt keine Minute allein, ohne zu schreien. Sobald ich mich zum Beispiel auf die Toilette schleiche, schreit Amos. Ich habe immer nur dieses eine Geräusch im Ohr und werde bald wahnsinnig von diesem permanenten Ton! Keiner, der das nicht über Monate hinweg erlebt hat, kann nachfühlen, wie das ist! Meine Nerven liegen blank. – Schlafen will Amos auch nicht, nicht mal, wenn ich mich mit ihm zusammen hinlege. – Er schreit, schreit, schreit. Wahrscheinlich will Amos aktiver sein, als ihm das möglich ist – und wird unzufrieden …

Dezember 6

Seitdem Amos am 27. November ein halbes Jahr alt geworden ist, bekommt er mittags Karotten-Kartoffelbrei gefüttert. Also, das heißt, er nimmt gerademal zwei Löffelchen und ist dann froh, wenn der große Hunger beim Stillen gestillt wird – wie der Name schon sagt. Viel lieber mag er aber Banane. Und deshalb überliste ich meinen Sohn, indem ich vorn auf dem Löffel die Banane und hinten das Gemüse platziere. Das ist ein guter Trick, auf den Amos sogar hereinfällt. So lernt er wirklich prima, aufs Löffelessen umzusteigen.

Da es ja am Anfang noch nicht lohnt, eine ganze Mahlzeit für Amos zu kochen, ist es ganz sinnvoll, nur eine kleine »Spatzennahrung« herzustellen. Ich koche einmal pro Woche Brei aus Kartoffeln und Möhren oder Blumenkohl und fülle ihn in kleine Kühlschrank-Eiswürfelbehälter, die dann eingefroren werden. Diese Würfel muss ich dann täglich nur noch portionsweise auftauen und erwärmen.

Willkommene Abwechslung

Heute Abend kam meine Freundin Dorothea zu Besuch übers Wochenende. Ich freute mich total auf die gemeinsamen Stunden. Gleich nach ihrer Ankunft sind wir in unsere Schule zu einem Adventskonzert gefahren, haben die »Kultur« auf uns wirken lassen und vor allem die vielen netten Gespräche mit all den Bekannten genossen. Ich kam mir vor wie in einer neuen, alten Welt. Einerseits die vertrauten Räume und Gesichter, mit denen ich vor Amos' Geburt zu tun hatte, andererseits das Wissen darum, dass ich inzwischen einen Sohn zu Hause habe und alles auf einer anderen Ebene abläuft. Für mich war dieser Abend ein weiterer Schritt hinein bzw. zurück in das normale Leben und damit gleichzeitig der Versuch, Amos ein Stück von mir zu lösen. Mit Papa hat das Schlafengehen auch gut geklappt. Bin ich froh! Es ist doch, glaube ich, gut und richtig, bei aller Liebe zum Kind auch einen gesunden, kleinen Abstand halten zu können. Denn neben der Mutterrolle muss einfach noch ein Freiraum sein, in dem die Mami Zeit für sich hat.

Im Konzert war auch die Mutter eines ehemaligen Schülers mit ihrem 4 Monate alten Baby. Ich hab' mal wieder gestaunt, wie leicht sich andere Babys überall mit hinschleppen lassen, weil sie alles um sich herum verschlafen, beziehungsweise zwischendurch in die nächste Schlafphase hineingestillt werden. –

Am nächsten Morgen war ich mit Dorothea schwimmen. Es war wie im Urlaub, so happy! Wir haben alle Rutschen und Pools ausprobiert und uns wie kleine Kinder gefühlt. Einfach köstlich! Der Papa hat Amos inzwischen mit meinem vorgekochten Möhren-Kartoffelbrei vollgestopft und ins Bett gelegt. Hat also alles bilderbuchmäßig geklappt!

Der erste Zahn

Hinter uns liegen recht schreiintensive Tage. Wir drei sind gleichermaßen entkräftet und müde. Amos wollte weder schlafen noch essen. Was war nur los mit ihm? Tja, die Erklärung für alles habe ich heute Abend entdeckt: Das erste Zähnchen bohrt sich durch! Es ist spitz wie eine Reißzwecke, armes Baby, das muss ja weh tun! Nun, da wir den Grund für Amos' Unruhe kennen, können wir besser damit umgehen und Amos helfen. Jetzt hoffe ich, dass Amos bald zur Ruhe kommt und vor allem sein Schlafdefizit aufholen kann (und wir ebenfalls).

Fortschritte und Neuigkeiten

Nach langer, langer Zeit war Amos heute mustergültig lieb. In der Nacht wollte er nur einmal trinken und schlief dann bis 6.00 Uhr. Am Vormittag hat er noch mal 1 1/2 Stunden geschlafen – ich kann nur staunen! Erstmals hat er auch richtig gut Mittag gegessen – nämlich 3 Eiswürfelfüllungen mit Karotten-Kartoffelbrei und eine Banane. Dann war auch keine Milch mehr nötig. Fencheltee trinkt er mit beiden Händen – fast ohne zu kleckern! So, damit ist also die erste Mahlzeit »stillfrei«.

Mittagsschlaf hat auch bestens geklappt. Ich habe mich zusammen mit Amos hingelegt, ihm eine ruhige Geschichte erzählt, an seiner Stirn gestreichelt und meine Augen geschlossen. Das hat er dann nachgemacht, und ich konnte – heimlich durch meine Wimpern blinzelnd – beobachten, wie Amos' Augen immer kleiner wurden und dann ganz zufielen. So ein guter Spatz! Da vergisst man gleich alle Aufregungen der letzten Tage!

Es ist ein Bilderbuchweihnachtsfest! Die Landschaft ist ganz weiß, es ist knackig kalt (nachts bis -25° C) und in der Wohnung ist es gemütlich! Wir sind mit unserem süßen Baby gesund und glücklich. Uns geht es so gut, wir genießen es, uns von unseren Eltern verwöhnen zu lassen. – Die Omas drängeln sich um Amos, und wir haben kleine Freiräume für uns beide.

Amos fühlt sich pudelwohl, wenn er – dick eingepackt – im Schlitten gezogen wird. So können wir schön spazieren gehen und Amos kann herrlich lange und tief schlafen.

7 Monate alt! – Neujahrsträume

Ein neues Jahr hat begonnen. Alljährlich stelle ich mir an diesem Tag die Frage, welche Ereignisse das neue Jahr wohl mit sich bringen wird. Diesmal ist die Hauptfrage, wie sich Amos entwickelt. Ich hoffe vor allem, dass er nicht mehr so viel schreit, mehr schläft und unser gesamter Tagesablauf ausgeglichener wird.

Wir haben versucht, Silvester mit unseren Freunden zu feiern. Amos sollte im Kinderwagen schlafen. Doch ausgerechnet zwischen 23.15 Uhr und 0.30 Uhr musste er schlimm weinen, wollte sich nicht trösten lassen und nicht schlafen. Da half kein Stillen, kein Singen, kein Kuscheln. Er wollte eben nicht. Und wie wir beide, Ekkehard und ich, nun versucht haben, ihn zu beruhigen, sind wir schwupps! ins neue Jahr hineingeschlittert, ohne es zu merken.

Im Moment fühle ich mich müde und schlaff. Diese Trägheit macht mich traurig. Es ist, als ob ich wie von einem festen Gummiband umgeben bin, das mich daran hindert, mal wieder so richtig powermäßig Dinge anzupacken. Je länger ich darüber nachdenke, um so mehr wird mir klar, dass ich noch immer von den falschen Vorstellungen, die ich mir vor Amos' Geburt aufgebaut habe, gefangen bin.Wieso lässt sich das nicht einfach korrigieren? Ich könnte mir doch sagen: »Okay, damals war mein Babybild von all den mir bekannten, ruhigen, ständig schlafenden, pflegeleichten Kindern geprägt. Jetzt erlebe ich mein eigenes, unverwechselbares, süßes, wenig schlafendes, häufig weinendes Kind. Wie gut, dass es keine Kopie all der anderen Kinder ist. Amos ist ein Original und genau so geschaffen, wie er am besten zu uns passt!« Es wird wohl keiner absolut ergründen können, was die Hormone im weiblichen Körper nach der Geburt für ein Durcheinander stiften. Sicher ist das auch bei jeder Mama anders. Und so brauchen manche wohl eine längere Zeit, bis sie ihr Gleichgewicht wiederhaben, in das sich das neugeborene Kind harmonisch einfügt.

Amos beginnt zu krabbeln

Januar 5

Amos macht riesige Fortschritte. Er ist regelrecht mobil geworden. Wenn er einen Gegenstand haben will, krabbelt er zielstrebig los und greift mit seinen Patschhändchen danach (nur leider schiebt er den Gegenstand oft erst einmal mit der Hand weiter von sich weg). Meistens kommt Amos zunächst nur rückwärts vom Fleck, denn er hat in den Armen viel mehr Kraft zum Stützen und Schieben als in den Beinen. Doch sobald er merkt, dass es in die falsche Richtung geht, legt er den Vorwärtsgang ein. Es geht also! Alles, was Amos dann erwischt, wird in den Mund gesteckt. Knabber, knabber!

Besonders viel Spaß hat er mit seiner kleinen Plastiklokomotive, die er aufziehen und über den Teppich fahren lassen kann. Wenn die losfährt, lacht Amos ganz laut und versucht, hinter ihr her zu krabbeln.

Der Winter ist im Moment recht intensiv. Bei minus 17°C fühlt sich Amos echt wohl. Er schläft gut an der frischen Luft und ist natürlich schön warm eingepackt in seinem Kinderwagenschlafsack, gefüllt mit Daunenfedern. Das ist eine der sinnvollsten Anschaffungen, die wir für unser Kind gemacht haben. All die Babyfelle und Überdecken halten ein Kind doch nicht so warm wie unser Schlafsack, in dem Amos wie eine Mumie liegt. Nur das Gesicht ist noch zu sehen. Nicht einmal Handschuhe brauchen wir, weil's in der »Kuschelhöhle« superwarm ist. So eingepackt lässt sich Amos recht friedlich in der Kinderwagen-Tragetasche auf dem Schlitten durch die Gegend fahren.

Eine neue Entdeckung gab's heute früh. Eigentlich wollte ich Amos nur so zum Fenster heraussehen und über den verschneiten Garten staunen lassen. Da entdeckte er Omas Scheibengardinenstange. Daran kann man sich nämlich hochziehen und mit den Füßen abstützen und Klimmzüge machen …! Der Frechdachs kommt auf seltsame Ideen! Außerdem hat er in den letzten Tagen noch herausgefunden, dass man anderen Leuten in den Mund greifen und an den Haaren ziehen kann. Dabei lacht er über's ganze Gesicht, wenn er schön ausgeschlafen ist und nicht gerade seine Heulphase hat.

Manchmal fängt Amos schon früh im Bett an, auf allen Vieren zu krabbeln. Dann zupft er so lange an Mama oder Papa, bis sie wach sind. Hat er das geschafft, erzählt er und lacht – und wir drei sind glücklich und genießen diese gemeinsame Zeit, die außerdem viel schreifreier geworden ist!

Amos steht gern – wenn man ihn an den Händen hält. Ich glaube, er freut sich, dass er jetzt mehr mit seinem Körper anstellen kann und nicht immer nur liegen muss. Ob er früher deshalb so viel quengliger war, weil er mehr tun wollte, als er konnte?

Amos, der Mini-Lehrer

Heute war wieder ein sehr schöner und ereignisreicher Tag. Früh war Amos richtig lieb zu uns und hat bis 7.30 Uhr geschlafen, allerdings nach einer durchwachsenen Nacht: Von 19.00 Uhr bis 23.00 Uhr schlief er durch, doch ab da war er jede zweite Stunde wach. Obwohl ich Amos nach dem Trinken in unsere Mitte gebettet hatte, fand er keinen endgültig festen Schlaf.

Ich habe dann in Ruhe gefrühstückt, bis ich aus dem Schlafzimmer seltsame Geräusche hörte. Irgendetwas klopfte gegen Holz. Ich lief schnell hin, weil ich dachte, dass Amos durch's Ehebett krabbelt und herausfallen könnte. Doch ich staunte nicht schlecht, als ich sah, dass Licht brannte, obwohl ich das Zimmer dunkel verlassen hatte. Amos hatte unsere Lampe entdeckt und ebenso deren Schalter. – Logisch, dass er den betätigen musste! Nun lag er – schelmisch grinsend – da und schlug mit der Lampenschnur gegen das Kopfteil unseres Bettes. Er war total stolz auf sich und strahlte mich an.

Am Vormittag waren wir gemeinsam in meiner Schule. Es ist ja immer schön, wenn wir dahin kommen, denn sobald wir das Gelände betreten, werden wir von den Kindern durch die großen Scheiben des Klassenzimmers erspäht, und die stimmen sofort ein lautes Indianergeheul an. Dann schreien alle: »Die Frau Wendler kommt« und stürmen zur Tür. Amos bangt dann immer um sein Leben, wenn sich unzählige Kinderhände auf ihn stürzen. Da kann ich immer nur eins machen: Jedem Kind versprechen, dass es den Wagen einmal ganz allein über den Schulhof schieben darf, und damit sind auch alle einverstanden. Das Problem ist nur, dass der arme Lehrer, der eben noch versucht hat, Unterricht zu halten, keine Chance mehr hat. Mir ist das jedes Mal so peinlich, dass ich meine Besuche auf ein Minimum zu reduzieren versuche, aber das ist auch wieder nicht einfach, weil wir ja gegenseitig viel Sehnsucht haben.

Kurz und gut, heute war aber ein besonderer Tag, denn ich konnte endlich wieder einmal unterrichten. Eine Kollegin war so schlimm erkältet, dass sie keinen Ton mehr piepsen konnte, und ich sollte ihre Klasse für zwei Stunden übernehmen. Aber mit Vergnügen! Es war wunderbar, wieder vor einer Klasse zu stehen! Es war fast wie früher, nur kam mir die ganze Situation irgendwie vollkommener vor: Es war nicht nur die Schulatmosphäre, die ich endlich einmal wieder um mich spüren konnte, es war noch etwas dazugekommen: Ich hatte mein süßes Kind im Tragetuch sitzend vor mir. Ein eigenartiges Gefühl. – Einerseits kam mir alles wie früher vor, aber obendrauf, als i-Punkt sozusagen, gab es noch Amos. Mich durchströmte für einige Minuten ein wollig-warmes Gefühl, so als ob mir mein Körper signalisieren wollte, dass es mir bestens geht, ich hatte alles auf einmal – mein geliebtes Kind und meinen geliebten Beruf. Ich kann mir nichts Schöneres vorstellen, als beides miteinander verbinden zu können, und zwar so, dass weder Amos noch die Schüler auf etwas verzichten müssten. Ich weiß aber auch sehr gut, dass das dauerhaft nicht geht. Um so mehr war ich in diesem Moment für diesen »Ausnahmezustand« dankbar und versuchte, jede Sekunde in vollen Zügen zu genießen.

Januar 16

Amos ist ziemlich flink. Er krabbelt recht flott durch die Wohnung, freut sich, wenn er unsere Regale ausräumen kann, wobei unsere unzähligen Bücher besonders reizvoll sind. Dieser Bewegungsdrang kommt auch sehr intensiv beim Wickeln zum Vorschein; ich komme während dieser Szenen ganz schön ins Schwitzen! Amos wälzt sich hin und her, versucht sich an mir oder unserem Regal, das über dem Wickeltisch hängt, hochzuziehen und findet es gut, so sehr mit dem Po zu wackeln, dass ich kaum eine Chance habe, die Windel anzubringen.

Amos kann sitzen und wird frech

Amos hat es zum ersten Mal geschafft, sich allein hinzusetzen!

Ich merke, wie direkt sich meine innere Unruhe auf Amos übertragen kann. Sobald irgendwelche Termine anstehen, plane ich, wann Amos schlafen muss, doch das tut er dann garantiert nicht, sondern heult und ist überdreht. Es ist, als ob er ganz genau spüren würde, wann ich Druck auf ihn ausübe. Dann klingt sein Schreien in meinen Ohren wie ein: »Ätsch, ich bestimme den Ablauf, nicht du!«, ich werde hektisch, versuche Amos besonders intensiv zum Einschlafen zu bewegen ... Inzwischen habe ich begriffen, dass so kleine Menschlein nicht zu täuschen sind! Man kann ihnen nicht Ruhe und Ausgeglichenheit vorspielen und innerlich »kochen« und auf Termine lauern. Das Baby braucht seine sorglose, kalenderfreie Umgebung. Zumindest bei Amos ist mir aufgefallen, dass er wesentlich ausgeglichener ist, wenn sich unser Tag ohne Zeitvorgaben dahinschlängelt. Andererseits soll ein Kind aber auch lernen, wie es sich in den Alltag der Familie einfügen kann, damit es nicht zum fordernden Mittelpunkt wird. Trotzdem muss der Tagesablauf schon babygemäß sein, das ist logisch – aber nicht ganz leicht zu realisieren.

Januar 18

Die Top-Meldung des Tages: Amos kann stehen! Noch gestern war das nicht zu ahnen. Heute hält er sich mit beiden Händen am Ställchen fest und stemmt sich aus den Knien nach oben.

Da ich einige Hausarbeiten erledigen wollte, habe ich Amos zum Spielen in sein Ställchen gelegt. Er war absolut nicht zu beruhigen. Und plötzlich sah ich, dass Amos im Ställchen stand! Als er merkte, dass ich ihn beobachte, ließ er sich auf seinen Po plumsen. Wieso kann sich ein so kleiner Kerl von 7 Monaten schon stellen? Ob es ihm selbst unheimlich war und er sich nicht getraut hat, die Stäbe loszulassen, um sich zu setzen?

Nachdem er beim ersten Mal das Stehen eher zufällig entdeckt hat, musste er es immer und immer wieder probieren. Anfangs hat er noch geweint, wenn er stand und nicht wusste, wie er wieder auf sicheren Boden gelangen konnte. Doch kaum hatte ich ihn in den Arm genommen, hat er gezappelt und mir deutlich zu verstehen gegeben, dass er wieder ins Ställchen gesetzt werden wollte. Dort angekommen, begann das Stehaufmännchen-Spiel von vorn.

Bewegung macht müde!

Januar 23

Amos ist ein so witziger Fratz! Seit Tagen macht er riesige Entwicklungssprünge: Er krabbelt so schnell durch die Zimmer, dass man stets auf ihn aufpassen muss, denn er hält sich an allen mehr oder weniger stabilen Gegenständen fest, zieht sich an ihnen hoch, stellt sich hin, läuft ein paar Schrittchen, klettert in die Schränke, räumt die Bücher aus, zieht Kästen auf und stiftet eine wirklich kreative Unordnung. Wenn er müde wird, fällt er öfters hin oder weint, wenn er sich gestoßen hat. Das sind dann immer die sicheren Zeichen, den kleinen Knirps ins Bett packen zu können.

Ja, das Gute an seinem Abenteuer- und Bewegungsdrang ist, dass Amos doch auch manchmal müde wird. Wahrscheinlich hat er bisher tatsächlich zu wenig Auslastung und damit keinen Grund zum Schlafen gehabt! Mittags schläft Amos gern 2 Stunden, aber nur, wenn ich mich mit ihm hinlege (und das tu' ich mit Vergnügen!).

Januar 24

Amos ist mal wieder eine Heulmöhre! Auf der einen Seite ist er total müde, aber andererseits nicht zum Schlafen zu bringen. Am Vormittag hatte ich ihn ganz straff in eine Babydecke eingerollt, doch statt zur Ruhe zu finden, hat er sich heulend freigestrampelt, ins Bett gestellt und alle in Reichweite hängenden Bilder von der Wand gezupft. Als ich ihn so im Bett stehen sah, musste ich ganz schön lachen. Obwohl mich sein Schlafstreik sehr ärgert, bin ich auch echt stolz auf das, was Amos schon kann! Immerhin ist er noch nicht mal 8 Monate alt!

Das Einrollen in eine Babydecke hat bisher sehr viel Gutes bewirkt. Es ist eine uralte Methode, mit der so kleine Kinder wirklich gut in den Schlaf finden.

Abenteuer unterwegs und zu Hause
8 Monate alt!

Januar 30

Hinter uns liegen drei nette Tage in Nürnberg. Es war die erste Reise, die ich mit Amos allein unternommen habe. Wir waren zu Besuch bei Freunden, die wir schon ewig nicht mehr gesehen haben. Da wir inzwischen alle Nachwuchs bekommen hatten, war ein gegenseitiges Vorstellen der Minis einfach überfällig. Die kleine Mirjam ist zwar 3 Monate älter, aber dafür ist sie wesentlich ruhiger und anspruchsloser. Sie rührt sich nicht von dem Fleck, auf den sie gesetzt wird, weint kaum und schläft viel. (Mirjam schlief von 19.30 Uhr bis 7.30 Uhr durch, dann gleich nach dem Frühstück noch einmal eine Stunde, mittags drei Stunden und am Nachmittag ein Stündchen. Amos dagegen schläft abends zur gleichen Zeit ein, ist ab 5.00 Uhr fit, nachdem er nachts mindestens dreimal wach wurde. Mittags gönnte sich Amos höchstens eine Stunde Schlaf, das war aber auch schon die einzige Phase am ganzen Tag …)

Bei Mirjam war das eben so, wie das mit Babys normalerweise ist. – Amos muss wohl gedacht haben, dass er eine Puppe zum Spielen vor sich hat, manchmal war er ganz schön frech zu seiner Gastgeberin. Er nahm ihr das Spielzeug weg, schubste sie um, zog an ihren Haaren und lachte auch noch dabei! Aber irgendwie haben es die beiden auch geschafft, sich miteinander zu beschäftigen, zum Beispiel indem sie stundenlang mit Kochlöffeln auf Blechdosen getrommelt haben. Lustig war auch das Kinderwagenwettrennen, bei dem die Kids immer vor Freude jauchzen mussten.

Die Zugfahrt war relativ angenehm. Also, auf der ersten Tour war Amos richtig begeistert von den hohen Sitzen, an denen er sich entlanghangeln konnte, von den Fenstern, die er nur zu gern küssen wollte. Besonders toll fand er die Tunnelfahrten, denn da sah er sich im Fensterspiegel. Er hatte ganz schnell herausgefunden, dass ein typisches Geräusch bei der Tunneleinfahrt kommt. Wenn das »erklang«, robbte er schon zum Fenster und wartete auf sein Spiegelbild, das er dann, wenn es endlich erschien, fröhlich begrüßte. Ansonsten machte er sich einen Spaß daraus, griesgrämig guckende Leute in seinen Bann zu ziehen: Er lachte sie einfach so lange an, bis sie auf ihn aufmerksam wurden, dann wurde sein Grinsen noch intensiver, bis der andere zumindest schmunzelte. Amos ist ein richtiger Sonnenschein, er will eben, dass alle fröhlich sind!

Im Kampf um die oberen Zähne

Februar 5

Ich bin regelrecht sauer auf Amos: Statt nach dem Mittagessen zu schlafen, hat er wie am Spieß geschrien. Und dabei war ich selbst so hundemüde und hatte mich auf diese kleine Ruhephase gefreut. Nachdem Amos eine Stunde wütend gebrüllt hat, habe ich den Kampf aufgegeben, nun krabbelt er durch die Wohnung und hat dieses Dauerwinzeln aufgelegt. Wieso ist er nur so chronisch unzufrieden? Letzte Nacht war er alle zwei Stunden auf und hat gebrüllt. Damit wenigstens der Papa schlafen kann und auf Arbeit nicht durchhängen muss, habe ich Amos jedes Mal gestillt, obwohl er garantiert nicht am Verhungern war. Zumindest ist er dann wieder für ein Weilchen eingeschlafen. Ich ärgere mich dann zwar auch über mich selber, weil ich inkonsequent bin und Amos einfach meckern lassen müsste. Ich weiß, dass ich ihm so nicht zum Durchschlafen helfe, und habe auch ein schlechtes Gewissen dabei, weil diese Praxis gegen alle »Weisheiten« verstößt. Aber irgendwann ist man an einem Punkt, wo man nicht den besten, sondern den bequemsten Weg geht, nur um ein paar Minuten Schlaf erhaschen zu können.

Aber heute früh gab es eine nette Überraschung: Amos hat ein deutliches »Mamama« herausgeplappert. Das klang so wunderschön!

Februar 6

Ekkehard und ich haben uns neulich überlegt, warum Amos so unruhig ist und ob wir auch so sind. Leider war unsere Erkenntnis, dass wir (und vor allem ich) total ruhelos sind, nie mal einfach so dasitzen, immer in Bewegung sind und ständig etwas finden, das erledigt werden muss. Nur eins unterscheidet uns wirklich von unserem Sohn: Wir wollen nachts mehr schlafen!

Amos' Entwicklung ist zum Teil sehr voreilig, altersuntypisch. Er ist sehr geschickt im Zugreifen, hört schon bewusst auf seinen Namen und reagiert darauf mit Aufmerksamkeit, er steht ganz sicher und hält sich selbst fest, und er krabbelt echt schnell und zielgerichtet. Und Amos hat gelernt, wie man winkt, aber das klappt erstmal nur zufällig.

Heute hatten wir noch ein typisches Erlebnis: In einer Gaststätte kam ein kleiner Knirps mit seiner Mutti zu uns, stellte sich neben Amos, der im MaxiCosi-Sitz auf dem

Fußboden saß, und sagte: »Guck mal, Mami, ich kann das Baby streicheln!« Daraufhin boxte Amos seinem Fan ins Gesicht, so als wollte er sagen: »Man, ich bin doch kein Baby mehr, ich hab' auch ganz schön viel Kraft!«

Februar 17

Seit einigen Tagen ist es richtig schön mit Amos. Die schlimmen Zahnschmerzen sind vorbei, am Oberkiefer zeigen sich vier große Schneidezähne. Alle vier auf einmal – das muss ja weh tun! Nun krabbelt Amos fröhlich durch die Gegend, hin zu seinen Lieblingsplätzen: Müll und Windeleimer, Computer, und neuerdings liegt er gern unter unserer Zimmerlinde und rupft die Blätter ab … Beim Krabbeln sieht es so aus, als ob er mit einem Fuß schon auftreten möchte.

Amos kuschelt auch sehr gern und ausgiebig, lacht viel öfter, schneidet mit der Zunge Grimassen, und wenn er etwas erreicht hat, ist er glücklich und sagt: »Ha!« Ich glaube, er fühlt sich nach den letzten unangenehmen Tagen total erleichtert und genießt sein Wohlbefinden!

9 Monate alt!

Februar 28

Letzte Woche war meine Mutti hier, so dass ich ein paar Arzttermine erledigen konnte. Amos wollte aber immer bei mir bleiben und weinte ganz schlimm, wenn ich die Wohnung verließ. Er hat eine panische Angst, allein gelassen zu werden, sobald ich aus dem Zimmer gehe. Doch von sich aus krabbelt er quer durch die ganze Wohnung, da ist es nicht schlimm, wenn er mich nicht mehr sieht! Wenn ich auf Toilette gehe, macht Amos ein Riesengeschrei und hockt heulend vor der Tür, durch die seine Mama verschwunden ist, bis ich endlich wieder erscheine. Dann umklammert er mich, als ob wir uns Jahre nicht gesehen hätten, und beruhigt sich nur langsam. Normalerweise sind wir ja auch immer zusammen. Wenn ich mich früh fertig mache, sitzt er im MaxiCosi, schaukelt und wartet geduldig auf mich. Da seit 1. Februar auch der Papa nur noch eine »Besucherrolle« spielt, ist Amos total auf mich fixiert. Ekkehard hat eine neue Arbeitsstelle, wir sind z. Z. auf Wohnungssuche in einer neuen Stadt – 300 km entfernt von hier. Ich hoffe, dass wir bald wieder wie eine richtige Familie zusammenleben können!

Die Nächte sind nach wie vor belastend. Amos schläft kaum länger als 3 Stunden am Stück, zwischen 23.00 Uhr und 1.00 Uhr wacht er meist 3 mal auf. Ich versuche ihn durch Streicheln, Schnullergeben und Festhalten wieder zum Schlafen zu bringen. Das Eigenartige ist ja, dass er sofort in seinem Bettchen steht, sobald er wach ist. Dadurch zwingt er mich, einzugreifen. Würde er liegen bleiben, könnte ich ihn allein in den Schlaf zurückfinden lassen. Aber ich kann ihn nicht ohne Zudecke so lange zappeln lassen, bis er von allein mit Schreien aufhört. Sein Husten ist noch immer nicht ganz weg, und überhaupt bin ich mir nicht sicher, ob sich Amos jemals von allein hinlegen würde.

März
18

Amos hat mich heute beim Stillen blutig gebissen, ich hab' ihn laut ausgeschimpft und hoffe, dass er das nicht wieder tut. Man soll das den Kindern ganz laut und deutlich sagen, weil sie sich dadurch gut einprägen, dass sie etwas getan haben, was nicht gut war.

Er ist frech und mobil, klettert unmittelbar nach dem Aufwachen durchs Ehebett. Hoffentlich merke ich immer rechtzeitig, dass Amos wach ist, nicht dass er eines Tages aus dem Bett fällt! Am Unterkiefer zeigen sich zwei weitere Zähne, die aber längst nicht so schmerzhaft kommen wie die letzten Zähnchen am Oberkiefer.

Mir fällt auf, wenn ich so das letzte Dreivierteljahr überdenke, dass die Wende in Amos' Verhalten zu dem Zeitpunkt kam, als er begann zu krabbeln. Endlich konnte er seine Neugier befriedigen und seine Kraft bis zur Ermüdung abbauen. Jetzt müssen wir nur noch den Nachtschlaf in den Griff bekommen – und das schaffen wir!

Fröhliche Zeiten

März 26

Seit Tagen erlebe ich die glücklichste Zeit mit Amos, seitdem wir ihn haben. Ich kann ihn ganz oft zum Lachen und Jauchzen bringen, wir verstehen uns prima. Es macht richtig viel Spaß, mit ihm zusammen zu sein. Heute waren wir schwimmen, er war total begeistert und locker im Wasser. Zu Hause läuft er überall herum, erreicht mit seinen Patschhändchen so ziemlich alle Gegenstände, die weniger als 1 Meter über dem Boden liegen, und ist happy über jede gelungene Verwüstung. Neuerdings hält sich Amos immer an meinen Hosenbeinen fest und guckt schelmisch an der Seite vorbei.

Beim Einkaufen traf ich heute eine Frau, die vor drei Jahren aus unserem Haus ausgezogen ist. Sie war erfreut über unseren Nachwuchs und meinte, dass ich richtig gut aussehen würde – ich hätte eine mütterliche, glückliche Ausstrahlung! Was manche Leute so sehen … ja, ich bin wohl inzwischen ganz gut in meine neue Rolle hineingewachsen, was lange währt, wird eben ganz besonders gut!

Inzwischen wird Amos nur noch früh vor dem Aufstehen und abends vor dem Einschlafen gestillt. Ansonsten kommt er ganz gut mit der festen Nahrung hin, er hat einen gesunden Appetit, ist nur ein bisschen faul beim Kauen. Am liebsten schluckt er alles mit einem Mal 'runter. Und wenn das nicht geht, steckt er die Zunge heraus und lässt die großen Brocken einfach fallen. Das heißt dann, ich soll sie zerkleinern.-

10 Monate alt! Wo sind die Mütter-Schon-Gesetze?

Väter haben es ganz schön gut! Wenn sie mit ihren Kindern angeben wollen, ziehen sie mit ihnen los, gehen spazieren und zeigen, was sie Schönes im Wagen sitzen haben. Wenn Väter aber von der vielen Arbeit ausruhen wollen, ja, dann muss das Kind erst mal anderweitig beruhigt werden. Wenn Väter wenigstens mal am Wochenende ausschlafen wollen, ist es ganz selbstverständlich, dass die Mütter früh das Kind zu versorgen haben. Ich finde das unfair! Manchmal könnte ich zur Emanze werden und für knallharte Mütter-Schon-Gesetze kämpfen!

Amos ist doch einfach zu niedlich! Wenn wir unterwegs sind, erzählt er im Wagen oder im Tragetuch. Im Bus oder in der Bahn fröhnt er immer noch seinem Hobby, besonders verbissene Leute zum Lachen zu bringen. Wenn er das geschafft hat, lobt er sich selbst mit einem lauten »Ha!«.

Manchmal steht Amos schon freihändig an einer Stelle, aber sobald ihm das bewusst wird, fällt er um. Wir haben angefangen, ihn aufs Töpfchen zu setzen, doch das ist natürlich ein Witz, weil Amos an keinem Ort länger als 3 Sekunden bleibt, schon gar nicht sitzend. Dafür aber küsst er seinen blauen Nachttopf mit inniger Hingabe!

Zur Zeit geht das Thema »Klonen« durch die Medien. Ich habe heute einen Artikel darüber gelesen und bin total geschockt. Langsam verstehe ich, warum die Menschen nicht vom Baum der Erkenntnis essen sollten. Es wird immer beängstigender, wohin uns unser menschlicher Wissensdurst führt! Wenn ich mir so meinen süßen, einzigartigen Amos ansehe und daran denke, dass es eines Tages völlig verpönt sein könnte, Menschen »normal« zu zeugen, wird mir übel. In den Nachrichten kommen nur Negativmeldungen. Ob man mit dem Mutterwerden auch ängstlicher, besorgter wird? Früher war ich sorgloser, vielleicht wird aber auch wirklich alles verrückter. –

In den letzten Tagen ist uns aufgefallen, dass Amos sehr genau hört. Wenn zum Beispiel der Papa freitags nach Hause kommt, horcht Amos sofort auf, egal, in welcher Ecke er sich gerade befindet. Dann krabbelt er im Eilzugtempo zur Eingangstür und klettert an Papas Hosenbeinen hoch. Wie ein Schoßhündchen! Neuerdings lacht Amos ganz laut mit, wenn andere lachen, und zwar ganz auffällig, so als wolle er sagen: »Ach so, jetzt müssen wohl alle lachen!«. Mittagsschlaf klappt nach wie vor nur dann, wenn ich mich mit hinlege und Amos' Händchen festhalte und er seinen Kopf an meine Schulter schmiegen kann. Nachts passiert es noch recht oft, dass Amos aufwacht, sofort auf allen Vieren krabbelt, durchs Bett springt und den Schnuller hinter die Bettkante spuckt. –

Amos ist ein witziger, kleiner Knuddelbär, dem man einfach nichts übelnehmen kann! Heute hat er so lange an den Saiten der Gitarre gezupft, bis sie umgefallen ist – mit den Saiten nach unten. Dann hat er sich der Länge nach auf die Gitarre gelegt und das Holz ganz lieb abgeküsst. Das sah so süß aus, dass ich nicht schimpfen konnte.

Dann hat er sich meinen bunten Zettelblock geholt. Er liebt es ja, Seiten umzublättern. Als ich ein Blatt brauchte, hab' ich gesagt: »Amos, gib mir bitte den Block!« und er hat mich traurig angesehen und wollte wohl sagen: »Schade, nun nimmst du mir dieses schöne Spielzeug weg!«, hat mir aber – mit ganz treuen Augen zu mir sehend – den Block hingehalten. So ein Guter! Als ich mir nur vier Zettel ablöste und ihn den ganzen Block zurückgab, strahlte er über sein ganzes Gesicht!

Ebenso ist das Telefonbuch zu seinem Lieblingsspielzeug geworden. Darin kann man nämlich wunderbar blättern und knistern!

... und schon kann er laufen!

Amos läuft! Seit einigen Wochen schafft er es, mit Festhalten an der Wand, an Stühlen oder ähnlichem zu laufen. Doch gestern gelangen ihm die ersten richtig freien Schritte vorwärts. Das sieht soooo süß aus!

Amos will abends nicht mehr gut schlafen. Meist schläft er schwer ein, meckert, steht im Bett oder er wacht schon nach kurzer Zeit wieder auf und braucht dann mindestens eine halbe Stunde, um wieder zur Ruhe zu finden. So musste ich ihn heute auch beim Hauskreis mit dazunehmen, denn im Schlafzimmer war er nicht zu besänftigen. So viele Leute, die alle auf ihn einredeten, fand er natürlich gut!

So über den Daumen gesehen, sieht Amos' Tagesablauf zur Zeit so aus:

6.00 Uhr Stillen und Aufstehen
8.00 Uhr Müslifrühstück (Haferflocken mit Obst)
10.30 Uhr ca. 20 Minuten schlafen im Kinderwagen
12.00 Uhr Mittagessen (Gemüse, Kartoffeln)
12.30 Uhr ca. 1 1/2 Stunden Mittagsschlaf
16.00 Uhr Griesbrei mit Obst
18.00 Uhr Abendbrot, Brot mit Apfel
19.30 Uhr Stillen und Einschlafen

21.30 Uhr Wachphase
zwischen 1.00 Uhr und 4.00 Uhr hole ich Amos zu mir ins Bett, sobald er schreit.

Heute haben uns Nathalie und Tobias besucht. Obwohl Tobi doppelt so alt ist (18 Monate), war ihm Amos nicht geheuer. Der ist stürmisch auf ihn zugelaufen, hat sich an Tobi festgehalten und von ihm das Gleiche erwartet wie von uns Erwachsenen – nämlich Sicherheit und Spiel. Stattdessen hat Amos erlebt, dass Tobi weinend zu seiner Mami gelaufen ist. Das konnte Amos gar nicht verstehen. Manchmal hatte Tobias richtig Angst vor Amos, dann kam er auch zu mir und hat mir deutlich gezeigt, dass ich Amos an einen Ort verbannen soll, wo er ihm nichts tun kann – in seinen Hochstuhl.

So merke ich immer wieder, dass Amos ein durch und durch naives Kind ist. Naiv, vertrauensselig und tolpatschig stürmt er zu anderen, erwartet Geborgenheit und Verständnis. Er muss vor nichts Angst haben, weil ihm bisher noch keine Gefahr begegnet ist. Dass diese kindliche Erwartungshaltung nicht immer erfüllt werden kann, muss er noch lernen.

Nathalie erzählte mir von einer Bekannten, die in drei Wochen ihr erstes Kind erwartet und dann ihr Examen machen will. Sie geht davon aus, dass sie die langen Schlafphasen ihres Babys zum Lernen nutzen kann. Es gibt also noch mehr Traumtänzer, die überhaupt nicht daran denken, dass es auch anstrengende, pausenlos schreiende, nie schlafen wollende Kinder gibt. –

April 17

Amos ist ein sehr wichtiger, vielbeschäftigter Mensch. Er hat seine Jeanshose und sein kariertes Hemd an, in der rechten Hand hält er Mamas dicken Schlüsselbund und läuft durchs Zimmer wie ein Hausmeister zur Kontrollrunde. Manchmal unterbricht er seinen Weg, um irgendwelche wichtigen Zeiten im Fahrplan nachzulesen, oder er blättert ziemlich lange im Telefonbuch. Wahrscheinlich weiß er gar nicht, was er eigentlich sucht. Auf alle Fälle ist er schwer beschäftigt, darf nicht gestört werden und muss stets den Schlüssel hüten wie seinen Augapfel! Andere wichtige Aufgaben hat er in der Küche: Da muss er immer seinen Kasten mit Plastikschüsseln ausräumen oder den (leider – oder zum Glück?) noch nicht benutzten Nachttopf auslecken!

Die Nächte sind nach wie vor noch sehr verbesserungsbedürftig. Amos schläft immer noch schlecht ein, wacht zum Teil alle halben Stunden auf und kommt nur schwer wieder zur Ruhe. Aber das liegt wohl auch daran, dass er nicht nur mal eben aufwacht, weint und liegen bleibt, sondern sofort hellwach ist und steht und tobt. Dieses Energiebündel! Auch ist Amos hellhöriger geworden. Früher konnte ihn kein Geräusch stören, wenn er erst einmal schlief, heute ist jedes Telefonklingeln ein Störfaktor.

April 18

Mittags in einer Gaststätte gab Amos eine fröhliche Show ab. Er flirtete mit zwei älteren Damen am Nachbartisch, und die ließen sich auch voll von ihm einfangen. Die eine meinte, dass sie noch nie ein so süßes, lachendes Baby gesehen hätte. Die andere sagte: »Also, wenn Sie mal zwei Omas suchen, wir stellen uns gern zur Verfügung!« Wir haben uns natürlich wieder sehr über diesen Auftritt gefreut. Solche Minuten genießen wir immer in vollen Zügen, um auch in anstrengenden Momenten davon zehren zu können!

Wieder einmal eine Bahnfahrt. Im Zug hat Amos schön gespielt. Ich konnte ihm zeigen, wie man unterschiedlich große Becher ineinanderstecken kann. Das hat ihm riesig Spaß gemacht. Abends beim Zubettbringen haben wir uns alle Mühe gegeben, ganz leise und ruhig das Schlaflied zu singen, damit Amos ganz schnell einschlafen kann. Und was macht unser Sohn? Er guckt uns an und beginnt plötzlich ganz laut zu lachen! Wir konnten natürlich dann auch nicht mehr unsere ernst-einschläfernde Miene behalten und haben gemeinsam mit ihm gelacht. Auch das kann müde machen!

Amos hat unsere Geduld mal wieder ganz schön auf die Probe gestellt. Mit einem Mittagsschlaf war nichts zu machen, obwohl wir uns so sehr darauf gefreut hatten. Amos war ziemlich unleidlich, ließ sich nicht beruhigen, nicht festhalten, nichts. Zum Spielen war er natürlich auch nicht in der Lage. Sonst ist er manchmal so nett und lässt uns noch ein paar Minütchen ausruhen und spielt dabei »Ausräumen der Nachttische« oder »Laufen durch die Gardine«. Heute jedenfalls war nur Wut angesagt. Vielleicht war er auch ein bisschen eifersüchtig auf Mama und Papa, denn er stand nicht so im Mittelpunkt wie sonst, wenn ich mit ihm allein bin.

Zauberwörtchen »Nein!«

Amos ist ganz schön sportlich, und ich weiß genau, dass er das nicht von seinen Eltern geerbt haben kann! Abgesehen von seinen relativ altersuntypischen Lauf- und Kletterleistungen, ist er auffällig wendig und geschickt, wenn er sich zum Beispiel bei einem Sturz abfangen muss. Seine regelmäßigen Turnübungen auf dem Wickeltisch haben es in sich. Manchmal toben wir gemeinsam im Bett, das ist einfach köstlich, weil Amos da so richtig ausgelassen lacht. Dann werfe ich ihn von oben mitten in die Federbetten hinein, wo er ja doch recht tief fällt und erst mal wie in einer Höhle liegt. Aber im Nu befreit er sich und ist wieder auf allen Vieren.

Dafür scheint er feinmotorisch weniger begabt zu sein. Zum Essen und Trinken hat er jedenfalls weder Ahnung noch Geduld. Zur Zeit bestreikt er das Mittagessen, das heißt, dass er zwischen 8.00 Uhr und 16.00 Uhr nichts isst. Mich wundert das sehr, aber ich möchte ihm auch nichts aufzwingen. Ich merke aber auch, dass ihm nichts fehlt, er ist mopsfidel, da muss ich mir keine Sorgen machen. Sicherlich ist das nur eine vorübergehende Macke, oder er hofft darauf, dass ich ihm etwas anderes anbiete (Banane oder Brei vielleicht), doch das will ich gar nicht erst einreißen lassen. Ich merke, dass ich auch viel sicherer im Umgang mit Amos geworden bin. Vor einigen Monaten wäre ich bestimmt zum Kinderarzt gegangen, wenn Amos eine vollständige Mahlzeit verweigert hätte. Inzwischen traue ich mir zu, Amos genug zu kennen, um sagen zu können, dass ich ihn weder zum Essen zwingen noch mir Sorgen machen muss.

April 29

Also, es ist schon witzig, was Amos so anstellt: Eben stand er vor dem Regal mit Ordnern. Da habe ich ihm immer mit »Nein, nein!« verboten, zu spielen und Ordner auszuräumen. Jetzt ging er hin, steckte seinen Finger provokativ in das Ordner-Loch, tat so, als ob er daran ziehen wollte, sah mich mit schelmisch blitzenden Augen an und rief: »Nein, nein!«, schüttelte den Kopf dabei und lachte.

Mai 2

Heute war bei uns Vater-Sohn-Tag. Ich war früh in der Schule zu einer Tagung und fand es ganz toll, mal wieder mit den Kollegen zusammen sein zu können und andere Themen zu bewegen als die, die sich rund um Haushalt und Baby drehen. Ich merke, dass mein Geist einfach mal eine Abwechslung und Forderung benötigt. Dass man zu Hause kaum intellektuell herausgefordert wird, ist, glaube ich, die größte Herausforderung, wenn man sich dafür entscheidet, dem Kind zuliebe den Erziehungsurlaub zu nehmen.

Mai 4

Es ist schon eigenartig – oder besser gesagt: sehr gut –, dass ausgerechnet dann jemand freundlich auf Amos eingeht, wenn ich ziemlich ärgerlich auf ihn bin. Heute sprach mich ein Mann an, der Amos zum ersten Mal sah: »Sie haben aber ein sehr schönes Kind. Ich würde es am liebsten mitnehmen!« Naja. Das hätte er nicht gesagt, wenn er sich mit Amos die Nächte um die Ohren schlagen müsste! Seit 2.30 Uhr hatte Amos beschlossen, wach zu bleiben, und turnte ständig durchs Bett. Ab 5.30 Uhr war er dann gar nicht mehr zu beruhigen. Vor dem Mittagessen hat er gerade mal 1 1/2 Stunden im Kinderwagen geschlafen, danach nicht noch mal, so dass die für uns so dringend nötige Mittagsruhe wieder einmal ausfiel …

Mai 6

Die Nächte wollen einfach nicht besser werden. Zum Glück klappt das Einschlafen wieder besser, sodass ich im Anschluss daran ein bisschen Zeit für mich und den Haushalt habe. Doch die nächtlichen Unterbrechungen bringen so viel Unruhe, Frust und Übermüdung. Unzählige Male steht Amos schreiend in seinem Bett und holt mich aus tiefstem Schlaf.

Mai 9

Wer hat bloß ausgerechnet rote Sicherheitsverschlüsse erfunden? Wie jeden Morgen habe ich heute Amos in den MaxiCosi gesetzt, angeschnallt, ins Bad gestellt und mich dann geduscht. Plötzlich ging der Duschvorhang auf und Amos sah neugierig in die Duschkabine und strahlte mich an mit einem Gesichtsausdruck, mit dem er wohl sagen wollte: »Ätsch! Mich kannst du nun nicht mehr einsperren!« Ich hatte das schon geahnt, dass er sich eines Tages aus dem Sitz befreien würde, denn der Verschluss hat ihn schon immer interessiert.

Unsere Freunde Katrin und Jens sind mit ihrem kleinen Jonas zu Besuch. Amos hat sich gefreut, als er Jonas sah, und dachte, dass er mit ihm umgehen kann wie mit all den anderen kleinen Kindern. Er stürmte auf ihn los, wollte ihm ins Gesicht greifen, denn da gibt es immer viel zu befühlen. Aber oh! Jonas ließ Amos nicht einfach gewähren, sondern wehrte sich. So ein Pech! Ich finde es sehr gut und wichtig, dass Amos erlebt, wie andere sich wehren, damit er nicht den Eindruck bekommt, er sei der Mittelpunkt der Welt und könne mit allen Menschen und Dingen um sich herum tun, was er will. Auch im Zusammensein mit anderen Gleichaltrigen ist mir aufgefallen, dass Amos immerzu erlebt, dass er die meiste Kraft hat, sich am schnellsten bewegen kann und alle anderen kleinen Kinder wie Spielzeugpuppen betrachtet, die umherliegen und an denen er sich alles genau angucken kann. Es würde ihm gut tun, öfter mit etwas älteren Kindern zusammen sein zu können. Naja, vor uns liegen ja einige Tage mit seinen großen Cousins, die schon 3 und 5 Jahre alt sind.

Amos ist ansonsten stark damit beschäftigt, alle möglichen Dinge irgendwo herauszuräumen und dann irgendwo anders hinzuräumen. Ich bin nur noch am Suchen. Mal finde ich eine Banane im Nachttisch, mal liegen die Socken im Topfschrank. Nett, diese Überraschungen!

Kuchen, Erde, Sand – die großen Entdeckungen!

Mai 13

Besuch bei Freunden. Amos hat zum ersten Mal Sand gesehen und wusste auch gleich, was man damit macht: Essen! Ach ja, und dann kann man dieses Zeug auch herrlich den anderen Kindern auf den Kopf schütten! Die Kids hatten genug Spaß miteinander, und ich fand es richtig schön, mal wieder mit Uta und Katrin über Gott und die Welt schwatzen zu können. Mir fehlen meine beiden Freundinnen ganz schön. Manchmal bin ich schon ein bisschen neidisch, dass die beiden sich jeden Tag sehen und dadurch ihre Freundschaft immer mehr vertiefen können, während meine Kontakte durch unser häufiges berufsbedingtes Umziehen und Abschiednehmenmüssen nie ganz tief gehen können.

Die beiden braven großen Kinder Johannes und Jonas (5 und 10 Monate älter) haben schön brav Mittagsruhe gehalten, nämlich drei lange Stunden am Stück! Amos hat sich dieser Zeitverschwendung nur 1/2 Stunde hingegeben und dann seine Chancen im freien Sandkasten genutzt. Als ihm das zu langweilig wurde, hat er in einem unbemerkten Moment einige Spielsachen durch ein Kellergitter gestopft und über einen Meter tief versenkt ... Immerhin war damit die Abendbeschäftigung für die Väter gesichert, denn die Spielsachen mussten wieder ans Tageslicht gefördert werden.

Mai 16

Heute sind wir zur Hochzeit eines Cousins gewesen. Amos durfte mit in die Kirche einziehen und sah mit seinem kurzen Matrosenanzug total süß aus. Allerdings hatte er während der Trauung kein Sitzfleisch. Sattdessen konnte ich mit ihm während des Traugottesdienstes immerzu die Treppen hoch und runter laufen. Die Blümchen, die er vor dem Brautpaar ausschütten sollte, hat er gleich mit dem gesamten Körbchen weggeschmissen. Nach der Trauung ist Amos mit Oma und Opa ganz artig nach Hause gefahren und hat sich auch – erstmals ohne Mama – lieb ins Bett bringen lassen.

Mai 23

Amos hat in den letzten Nächten wieder sehr unruhig geschlafen, zum Teil ließ er sich gar nicht trösten, fing immer wieder an zu weinen. Mir kommt das langsam so vor, als ob er einfach nur aus Gewohnheit, weil es eben immer so war, bei nächtlichen Wachphasen meine Aufmerksamkeit sucht. Ich denke, dass jetzt der Zeitpunkt gekommen ist, etwas radikaler werden zu können. Und so habe ich beschlossen, Amos zum Durchschlafen zu verhelfen. Mir haben schon immer verschiedene Leute gesagt, dass ich mein Kind mal zwei Nächte durchschreien lassen soll, dann würde er auch bald durschschlafen. Damals war das aber viel zu früh. Heute kann ich Amos besser einschätzen und weiß, dass ihm eigentlich nichts fehlt, dass dieses Schreien nur aus der Gewohnheit kommt und ihn ebenso belastet wie mich. Ich denke, er würde genauso gern durchschlafen können wie ich, das müssen wir jetzt üben.

Sobald Amos in der Nacht zu weinen begann, bin ich an sein Bett gegangen, habe ihn hingelegt, zugedeckt und gestreichelt und ihm gesagt, dass ich da bin, dass er keine Angst haben muss und schön weiterschlafen soll. Dann habe ich mich wieder hingelegt und gewartet, was passieren würde. Amos stand in Windeseile wieder auf und schrie empört weiter. Ich war wirklich sehr gespannt, ob er es allein schafft, sich hinzulegen. Das konnte ich mir einfach nicht vorstellen, denn er stand total verheult am Gitterbettchen und schrie in die dunkle Nacht hinein. Es war 2.30 Uhr. Ich überlegte immerzu, ob ich nicht doch nachgeben und ihn neben mich legen sollte, dann wäre schneller Ruhe geworden. Das Schreien um diese Zeit war extrem nervig. Naja, mit den Nachbarn konnte ich sowieso nicht mehr viel verderben, da Amos von Anfang an laut war. Aber *ich* musste den Kampf ja auch aushalten. Mir half einfach der Gedanke, dass wir hier die günstigste Gelegenheit für diese Machtprobe hatten, denn der Papa war schließlich nicht da, so dass sein Nachtschlaf nicht gestört werden konnte und dann nach dem Umzug wollte ich die neuen Nachbarn auch nicht gleich verärgern. Also: Augen und Ohren zu und durch!

So lag ich in meinem Bett auf der Lauer und erwartete ein Wunder. Wird sich Amos jemals beruhigen? Wird er sich wirklich von allein hinlegen? Wie lange sollte ich warten? Ich sagte ab und zu: »Leg dich doch hin und schlaf. Die Mami ist da!« Meine harte Geduldsprobe wurde belohnt. Nach etwa eineinhalb Stunden rutschte Amos in seine Kissen und schlief total verdreht ein – das Köpfchen am Fußende, Po in die Höhe gereckt und Beinchen angezogen. Er atmete tief und ruhig. Ich hätte laut jubeln können! Das war ein überwältigender Erfolg. Schließlich war ich mir sicher, das Richtige getan zu haben. Nicht das Schreien, sondern eine vernünftige Maßnahme hatte gesiegt. Ich fühlte mich auch gleich ein Stück von der Ohnmacht gegenüber Amos' Schreierei erlöst, weil ich erlebt habe, dass sein Schreien nicht das letzte Wort vor meinem Nachgeben ist.

In der darauffolgenden Nacht ist Amos wieder aufgewacht und hat schreiend im Bett gestanden. Ich habe ihn wieder gestreichelt und mit wenigen Worten beruhigt. Er wusste also, dass ich da war. Das finde ich ganz wichtig, denn wenn das Baby schreit und sich allein gelassen fühlt, kann das zu nachhaltigen Ängsten, vielleicht sogar zu Vertrauensverlust führen. Nach »nur« 1/2 Stunde legte sich Amos hin und schlief friedlich bis zum Morgen durch.

1 Jahr alt!

Mai 27

Amos' 1. Geburtstag begann wunderschön: Statt früh beim Aufwachen zu weinen, ertönte gegen 6.15 Uhr das von Amos neu erlernte Indianergeheul. Ich musste richtig kichern. Amos hatte seit 22.30 Uhr durchgeschlafen. Na, wenn das nichts ist! Mein kleines Geburtstagskind war echt fröhlich gestimmt.

Im Anschluss an das Frühstück haben wir Geschenke ausgepackt. Die Oma hatte ein Körbchen mit tausend Kleinigkeiten mitgeschickt, die Amos genau untersuchen musste. Besonders begeistert war er von einem Mini-Pappbilderbuch. Das schleppt er den ganzen Tag mit sich herum, blätterte immer wieder die Seiten von vorn bis hinten durch und lief dann weiter. In der anderen Hand trug er das kleine Körbchen, und beim Laufen schnalzte er mit der Zunge. Er wusste bestimmt, dass heute sein Geburtstag war.

Nach dem Mittagsschlaf erwarteten Amos viele Gäste. Ich hatte den Tag zum Anlass genommen, ein Nachtreffen vom Geburtsvorbereitungskurs zu organisieren. Die zwei Stunden vergingen wie im Fluge. Ute und ich hatten extra Kinderkekse ohne Zucker, mit Möhren oder Bananen gebacken, die waren heiß begehrt! Während die Kinder über die Kekse herfielen, hatten wir Mütter ein bisschen Zeit zum Schwatzen.

Als dann alle Gäste wieder weg waren, habe ich noch richtig schön mit Amos schmusen können und so in Gedanken Rückschau auf das letzte Jahr gehalten. An die Geburt kann ich mich noch in allen Einzelheiten erinnern, das ist ein Erlebnis, das wohl keine Mutter vergisst. Wenn ich so durch all die letzten Monate streife, bin ich – ehrlich gesagt – sehr, sehr froh, dass wir heute ein Stück weiter sind. Mutterwerden ist gar nicht so einfach. Sicherlich schafft das jede anders, ich habe vielleicht etwas länger gebraucht, aber jetzt macht es Spaß. Ich denke, seitdem Amos mit 6 Monaten krabbeln konnte, sind wir besser miteinander zurechtgekommen. In der Zeit bis dahin, die nur vom Schreien geprägt war, hatte ich mich schon schwer getan, mit diesem Bündel fertig zu werden. Dabei hatte ich früher, vor der Geburt, immer gedacht, dass die erste Phase, in der das Baby so ganz hilflos und auf mich angewiesen ist, die schönste Phase sein wird. Bei Amos muss ich sagen, dass mit seiner wachsenden Beweglichkeit auch eine immer bessere Beziehung zwischen uns gewachsen ist. Jetzt ist er in einem wunderschönen Alter. Ich kenne ihn viel, viel besser, kann besser auf ihn eingehen, und wenn er schreit, weiß ich zumindest ungefähr, wie ich ihm helfen kann. Ich bin überglücklich, einen so hübschen, aufgeweckten, fröhlichen Schatz zu haben!!

Inzwischen gehört Amos richtig zu uns. Wir können uns keinen Tag mehr ohne ihn vorstellen. Amos ist ein wunderbares Kind – Fröhlichkeit und Schalk blitzen ihm aus den Augen. Ich muss recht oft daran denken, wie mein Chef zu meiner Verabschiedung in den Mutterschutz dafür gebetet hat, dass Jesus uns ein »feines Kind« schenken möge. Das Wort »fein« füllt irgendwie alles aus, und ich finde, wir haben dieses feine Kind bekommen!

Seit seinem ersten Geburtstag schläft Amos durch! Das ist einfach herrlich! Auch tagsüber kommt er wesentlich öfter zur Ruhe als im Babyalter. Vormittags schläft er etwa eine Dreiviertelstunde und nach dem Mittagessen etwa eineinhalb Stunden. Diese Phasen sind für ihn wichtig zum Auftanken, denn schließlich braucht er viel Kraft für all die großen Entdeckungen, die er tagtäglich machen muss!

Ausblick

Ich habe mir überlegt, was ich beim zweiten Kind anders machen will. Einige Stichworte möchte ich noch weitergeben:

Man erspart sich viel psychischen Stress, wenn man mit einem sehr anstrengenden Kind rechnet statt mit einem schlafenden Bilderbuchbaby. Es ist besser, auf chaotische Zeiten eingestellt zu sein und dann (im Regelfall) ein pflegeleichtes Kind zu haben, statt umgekehrt ein Bilderbuchbaby zu erwarten und nach der Geburt eine kräftezehrende, der Verzweiflung nahe Zeit zu durchleben.

In diesem Zusammenhang habe ich mir für unser nächstes Baby auch fest vorgenommen, keinerlei Aufgaben außerhalb der Familie anzunehmen, sondern wirklich alle Zeit für Kinder, eigenen Schlaf und Haushalt (in dieser Reihenfolge!) zu verwenden. Wichtig ist auch, dass man sich klarmacht, dass genau diese Aufgabe gesellschaftlich wichtig und nicht weniger wert ist als bezahlte Berufstätigkeit. Ich denke, dass ich mich selbst unter Druck gesetzt habe und etwas leisten wollte, wo Ergebnisse sichtbar sind, um mir und anderen zu beweisen, dass ich nicht nur ein »langweiliges Hausfrauendasein« führe. Einige Bemerkungen meiner Mitmenschen haben mich dahin geführt, aber auch mein eigener, an dieser

Stelle falscher Ehrgeiz. So habe ich mir selbst unnötigen Stress bereitet. Andererseits kann es sehr wichtig sein, neben dem Hausfrau- und Muttersein noch ein Hobby bzw. eine Arbeit zu haben. Das sollte man sich aber erst suchen, wenn Kinder, Schlaf und Haushalt einigermaßen ausgeglichen sind. Auf keinen Fall im Vorfeld planen und so Enttäuschung vorprogrammieren!

Ganz wichtig ist es, innere Ruhe zu bewahren und diese bewusst auf das Kind übertragen zu wollen. Da ich leider selbst zu den ständig umherspringenden Typen gehöre, muss ich mich ganz besonders dazu zwingen, ausgeglichener zu werden. Ruhigere Mütter haben es leichter!

Auf den Nutzen eines Tragetuches habe ich schon mehrfach hingewiesen. Das kann von Anfang an sehr, sehr erleichternd sein!

Gute Einschlafhilfen sind ein warmes Bad, Bauchmassage, ein fester Ritus im Bett und das straffe Einwickeln des Kindes in ein Tuch oder eine Decke, möglichst von Anfang an.

Zu meinen größten Anfangsfehlern gehörte auch, dass ich mir von anderen (Fachleuten) zeigen lassen wollte, wie ich Amos trösten kann. Doch weder die Hebamme noch Ärzte, Großeltern oder Freunde können einer Mutter den »richtigen« Umgang mit ihrem Kind »beibringen«. Sie allein ist die »Fachfrau« und lebensnotwendige Bezugsperson für das Baby. Dieses Bewusstsein lässt eine viel sicherere Herangehensweise zu. Natürlich sollen die Ratschläge und Erfahrungen der anderen angehört werden. Sie dürfen aber nur eine Ergänzung zum mütterlichen Handeln darstellen und keineswegs deren ganz persönliche Art verdrängen. Es gehört unbedingt dazu, dass man eigene Methoden findet; denn so einmalig jedes Kind ist, so kann es auch nur ganz individuell betreut werden.

Nicht zuletzt möchte ich weitergeben, dass es mir unsagbar wichtig war, für Amos und mich beten zu können. Ich konnte unsere Nöte an Gott abgeben, das hat mir viel Druck und Frust genommen. Aber ich wusste auch und habe im Nachhinein erkennen können, dass dieser große Herr der Welt mit vielen kleinen Dingen geholfen hat und uns gestärkt aus der ersten, schwierigen Phase heraus- und zueinandergeführt hat.

Diese Stichworte sind gewiss nicht vollständig, aus meiner heutigen Sicht aber schon recht erfolgsversprechend. Ich bin im Nachhinein dankbar für alles bisher Erlebte, auch für die ganz chaotischen Tage und schlaflosen Nächte, in denen mir unser Kind erst ganz fremd war, aber dann um so näher gekommen ist, weil wir einen gemeinsamen Kampf gewonnen haben.

Übrigens ...

hat Amos inzwischen einen zweieinhalb Jahre jüngeren Bruder Jonathan bekommen. Da Joni in seinem ersten Lebensjahr ein ganz ruhiges und gern schlafendes Kind war, schließt sich der Gedankenkreis zu diesem Buch mit der Bemerkung:

»Und beim zweiten Kind wird wieder alles ganz anders!«

Bücher, die für mich hilfreich waren

Regina Hilsberg: Körpergefühl, Rowohlt Taschenbuchverlag, Reinbek 1995.

Hannah Lothrop: Das Stillbuch, Kösel Verlag, München 1993.

Martha Ehler / Liane Schröder: Ich stille mein Kind, R. Brockhaus Verlag, Wuppertal ²1998.

Lennart Nilsson: Ein Kind entsteht, Bertelsmann, Gütersloh 1990.

Claudia Mühlan: Bleib ruhig, Mama, Verlag Klaus Gerth, Asslar 1990.

Jirina Prekop: Schlaf, Kindlein, verflixt noch mal!, Kösel Verlag, München 1996.

Jirina Prekop: Hättest du mich festgehalten, Kösel Verlag, München 1992.

Jirina Prekop / Christel Schweitzer: Kinder sind Gäste, die nach dem Weg fragen, Kösel Verlag, München 1996.

Kinder sind ein Geschenk

› mit den schönsten Kinderliedern von G. Schöne

› ein passendes Geschenk für viele Gelegenheiten

Lieder und Gebete haben eins gemeinsam: Sie stellen in origineller und anspruchsvoller Weise Fragen nach einem sinnvollen Dasein, nach dem täglichen Miteinander, nach dem Umgang mit der Schöpfung. Sie vermitteln aber keine schnellen Antworten, sondern geben Anregungen zum Nachdenken.
In diesem ansprechenden Geschenkbuch sind Gebete und Lieder von Rile und Gerhard Schöne erstmals in einem Buch und auf CD vereint.

Buch mit CD
72 Seiten, 18,4 x 13 cm,
durchg. farbige Abb. und zahlr. Lieder
(Noten, Gitarrenbegleitung, Texte),
gebunden mit Elementlackierung
ISBN 3-7462-1411-4
DM 34,-/sFr 32,-/öS 248,-

Buch ohne CD
ISBN 3-7462-1413-0
DM 19,80/sFr 19,80/öS 145,-